대한민국
신선마을

무 형 유 산 신 선 강 림 전 설 을 품 은 명 승 1 0 선

대한민국
신선마을

무형유산 신선강림 전설을 품은 명승 10선

김정섭 지음

차 례

머리말

신선 전설을 품고 있는 산, 숲, 계곡, 마을은 자연과 지세의 아름다움은 물론이고 지역이 하늘로부터 물려받은 신비성과 신성성을 상징한다. 특히 신선 전설이 마을 이름의 유래가 되어 지역의 역사와 정체성을 규정해 오랜 역사를 이어온 지역의 경우 이런 가치가 더욱 돋보일 것이다. 이런 마을은 노장사상의 장생불사 관념을 담고 있기에, 장수하기 좋은 생태환경을 갖추었을 것으로도 추정된다. 신선이 도를 닦아 만인이 흠모하고 부러워하는 선경(仙境)에 거주하고, 초인과 같이 도술을 부려 자유자재의 변신과 불로장생을 하며 도술로 장생불사의 비법인 단약(丹藥)을 제조해 제자들에게 전수하는 모습은 대단히 흥미롭다.

신선 전설은 인적이 없고 경치가 빼어난 첩첩산중의 오지나 벽지 자연에 귀의해 무위자연(無爲自然)하며 삶을 즐기는 풍류 문화의 단면인 동시에 중국 한말(漢末)의 도교(道敎)나 정치사상으로 발전했다는 점에서 종교적 성격도 띤다. 우리나라에서는 특히 유불선이 결합된 정신문화와 생활문화 양식이라는 점에서 민속적 역사성과 전통성을 지닌다. 오늘날의 시각에서 보면 신선 전설은 많은 이들을 즐겁게 할 더할 나위 없는 '엔터테인먼트 콘텐츠'이자 역사성·지속성의 산물이라는 점에서 무형유산(intangible heritage)에 속한다.

신선 전설에서 가장 흥미를 끄는 엔터테인먼트적 요소는 아마도 신선이 선보이는 도술과 마력일 것이다. 신선은 정치적 존재라는 점에서 보면 보통 난세를 극복하고 평정과 위안을 가져다주는 영웅이자 위인으로 그려진다.

또한 주술적 존재라는 점에서 보면 보통 사람에게는 없는 뛰어난 예지력, 도술, 마력, 약 제조술, 장생불사 등 초인적 능력을 갖춘 경우가 많다. 도술이나 마력은 보통의 인간이 할 수 없는 것이기에 매우 박진감 넘치고 흥미로우며 상상력을 자극하기에 충분하다. 신선이 부리는 도술이나 마력은 몸을 갑자기 숨기거나 사라지게 하는 은형(隱形), 귀신을 부리는 사귀(使鬼), 초인적 기술을 사용해 상대를 마음대로 놀리거나 현혹하는 사기(使技), 숨겨진 것을 투시해 정확히 쏘거나 맞히는 사부(射覆) 등이 있다. 이러한 요소들은 어린이부터 어른들에까지 여흥이나 오락적 만족을 주기에 충분하다.

　신선 전설을 무형문화로 규정할 수 있는 이유는 이를 구전·전수하는 주민들의 의식과 전설이 발원한 지역에 깃든 역사성과 전통성 때문이다. 전설은 그것을 보유하는 특정 지역의 정체성에 대한 공동의식 형성과 문화적 관습의 지속성 유지와 관련이 있다(Park, 2010). 전설은 현재 무형유산 가운데 하나지만, 2003년 32차 유네스코 총회에서 채택한 '무형문화유산 보호에 관한 협약(Convention for the Safeguarding of the Intangible Cultural Heritage)'에서 구체적인 분류 항목에 포함되어 보존이 본격적으로 논의되기 시작했다(Ryu, 2019). 그 전에는 숭고한 사상과 혼이 깃든 문학으로 다뤄져 전통문학, 서사문학, 구비문학의 범주에서 활발하게 연구되었고 흥미로운 일부 스토리는 책과 영상 작품으로 재현되었다. 문학으로서 전설은 내용에 함의된 의미성·표현성에 관심을 두지만, 무형유산으로서 전설은 그것의 역사적·예술적 가치에 중점을 둔다.

유네스코는 1989년 '전통문화 및 민속보호에 관한 권고(Recommendation on Traditional Culture and Folkore)'를 발표하면서 무형유산의 형태에 언어, 문학, 음악, 춤, 놀이, 신화, 의식, 관습, 수공예, 건축 및 그 밖의 예술로 정의해 '스토리' 범주를 포함시켰다(박선희, 2019). 이어 2003년 32차 유네스코 총회에서 채택한 '무형문화유산 보호에 관한 협약'에서는 전설·설화 같은 구전전통, 공연예술, 사회적 관습, 의례, 축제 행사, 자연과 우주에 대한 지식과 관습, 전통공예 기술 등 조상들로부터 대대손손 전승되어 온 표현물을 포함시켰다.

무형유산인 전설 가운데 '지명 유래 전설'은 그 마을의 역사와 전통적·예술적 소산은 물론이고, 주민들과 조상 대대로의 정신적 가치를 포함하기에 문화유산 전승 차원에서 의미가 깊다. 토착 원주민들이 장기간 축적해 온 생활사의 반영이자 그들 공동체를 지탱하는 철학의 표현이기 때문이다. 지명은 자연과 역사의 변화에 따라 변화하는 살아 있는 유기체이며, 사회 내 무언의 계약이기에 지명의 유래와 변천 과정을 거슬러 올라가면 그 역사의 원형을 재구성할 수 있다(이은식, 2010). 요컨대 지명에 관한 전설은 그 지역의 원형을 탐구하는 근거가 되기에 발굴과 보존이 매우 중요하다.

그러나 지명 유래 전설은 그간 민간의 전래 풍설(風說)이나 풍수(風水)를 뒷받침하는 수준에서 다뤄져 왔을 뿐, 그간 지역 문화유산의 차원에서는 집중적으로 연구되지 못했다. 엔터테인먼트 콘텐츠 관점에서도 연구된 사례를 찾아보기 어렵다. 특히 신선의 강림이나 도래 등과 관련된 신선 스토리가 마을 지명의 유래가 된 경우, 이것이 공동체를 지배하는 정신적 가치로 자리 잡고 있는데도 이를 고유한 전통문화의 보존과 전승 차원에서 다루지 못한 것은 자못 아쉽다. 동양, 특히 한국의 경우 신선은 불교문화와 함께 사람들의 정신세계 중심을 이어온 도교 문화를 반영한다는 점에서 연구 가치가 높다. 바로 이런 점이 필자가 신선 전설이 마을 이름으로 정착한 사례를 현장 탐사 연구를 통해 수행한 핵심적인 동기다.

따라서 필자는 신선 전설이 유래가 된 전국의 신선마을을 찾아 신선 전설을 상세히 채록 및 분석해 신선 전설의 서사적(narrative) 완결성(스토리의 기승전결 또는 상황, 사건 순서, 세계 구축/해체, 주제), 신선 전설이 지닌 엔터테인먼트 콘텐츠와 무형유산 가치, 마을 경관과 지세를 분석하고, 원형 스토리 보존 대책 등을 제시하기로 했다. 이를 위해 한국 국토교통부 국토정보지리원● 지명 검색과 전국지도 분석을 통해 마을 이름 중 신선을 뜻하는 한자 '선(仙)'이 포함된 곳, 마을의 지명 유래가 '신선 전설'인 곳, 이 두 조건을 모두 충족하는 자연 마을 10곳을 선정했다.

선정된 자연 마을 10곳은 서울 선유도(仙遊島, 서울특별시 영등포구), 고양 선유동(仙遊洞, 경기도 고양시 덕양구), 고양 강선마을(降仙마을, 경기도 고양

●   국토교통부 국토정보지리원 홈페이지(https://www.ngii.go.kr/kor/main.do).

시 일산서구), 파주 선유리(仙遊里, 경기도 파주시 문산읍), 양양 강선리(降仙里, 강원도 양양군 강현면), 인제 강선마을(降仙마을, 강원도 인제군 기린면), 군산 선유도리(仙遊島里, 전라북도 군산시 옥도면), 정읍 은선리(隱仙里, 전라북도 정읍시 영원면), 하동 강선마을(降仙마을, 경상남도 하동군 적량면), 광양 선유리(仙柳里, 전남 광양시 옥곡면)다.

필자는 민속지학(民俗誌學, ethnography) 연구 기법을 적용해 2020년 3월부터 2021년 7월까지 답사하고 그 결과를 모두 정리해 이 책을 내게 되었다. 1차로 각 마을 유래의 원형 스토리 파악을 위해 행정기관·도서관 등을 찾아가 관련 문헌을 조사했다. 2차로 각 마을을 직접 답사해 지세를 살펴 사진을 촬영하면서 원주민 등을 심층 면접해 그 구술을 채록한 다음 모든 조사 내용을 교차 확인·분석했다. 구술과 조언 채록 과정에서 개인정보 공개를 허락한 분들은 이 책에 이름을 명시했으나 그렇지 않은 분들은 '주민'이나 '주민들' 등의 포괄적 표현을 사용했다는 점을 밝힌다. 문헌 출처도 꼭 필요한 것만 제시했다. 연구에 도움을 주신 10개 마을의 주민들과 지역 향토사학자, 공무원분들께 깊은 감사를 드린다. 책을 출간하는 데 도움을 주신 한울엠플러스(주) 김종수 사장님과 기획·편집진, 유통 관계자 여러분께도 감사의 마음을 전한다.

2022년 9월
김정섭

1부

신선이 강림한
신선마을

제1장
양양 강선리

1. 강선리는 어떤 곳인가

양양 강선리 표지석 강선리청년회에서 세운 표지석 위에 웅비강선(雄飛降仙)이라는 글귀가 보인다.

　양양 강선리(降仙里)는 강원도 양양군 강현면 산자락에 있는 신선마을이다. 농촌 마을로 공기가 맑고 산세가 수려하다. 뒤로는 병풍처럼 마을을 안온하게 감싸는 설악산국립공원이 있고, 앞으로는 시야를 확 트이게 하는 물

마을 진입로에서 바라본 양양 강선리 마을 뒷산 뒤로 설악산이 산세를 드러낸다.

치항이 자리 잡고 있다. 지리적으로 양양군 양양읍보다는 속초시에 가까우
며, 북쪽으로는 속초시에 있는 설악해맞이공원과 인접한다. 마을 위아래로
각각 설악산 계곡에서 발원한 쌍천과 물치천이 흐른다. 방문할 경우 서울양
양고속도로를 이용하는 것이 편리한데, 그 고속도로를 달리다가 양양 분기
점(JC)에서 동해고속도로로 들어와 북쪽으로 향한 뒤 북양양나들목으로 빠
져나오면 쉽게 마을에 닿을 수 있다. 서울에서 양양 또는 속초로 가는 고속
버스를 타고 양양터미널 또는 속초터미널에서 하차한 다음 택시, 버스 등 대
중교통을 이용해 마을에 도착할 수도 있다. 승용차를 이용할 경우 내비게이
션에 '양양 강선리'를 도착지로 설정하면 고속도로와 동해안을 종단하는 7
번 국도를 통해 물치리를 거쳐 도착할 수 있다.

　양양에는 강선리 외에도 '서선리(西仙里)'라는 신선마을이 있다. 서선리
는 계곡이 깊고 안개가 엷으며 노을이 맑으니 풍진(風塵)이 불도교중선(不
倒僑中仙)●으로서 서방에 위치해 있다는, 즉 잦은 변란·풍파에도 무너지지

강선마을 뒷산으로 향하는 길　전형적인 농촌의 모습이 한적한 분위기를 자아낸다.

않을 정도로 속세에서 멀리 떨어진, 높은 지상의 선계에 위치해 있다는 고대 풍수설에 따라 현재의 지명이 유래했다고 한다. 그러나 아쉽게도 이 마을에 유래하는 신선 전설은 구체적이지 않아 이 책에서 선정한 '신선 스토리가 지명 유래가 된 신선마을'에 포함되지는 못했다. 이 마을의 신설 전설

● 동진(東晉)의 도교 철학자 포박자(抱朴子) 갈홍(葛弘, 283~343)은 자신의 도학서 『포박자(抱朴子)』에서 신선의 세계를 최고 경지인 '상선(上仙)', 중간인 '중선(中仙)', 최하인 '하선(下仙)'의 3등급으로 나누었다. 이를 '신선삼품설(神仙三品說)'이라 한다. 그리고 각 세계에 속한 신선의 별칭으로서 상선은 살아 있는 채 몸을 들어 하늘로 올라가 신선이 되어 천상에서 자유로이 노니는 천관(天官)이라는 뜻의 '천선(天仙)', 중선은 사람이 속세를 떠나 장년 시절 명산대천에서 수련하여 세상의 이치를 깨달아 득도하고 단약을 복용해 지상에서 불로장생하는 신선이라는 의미의 '지선(地仙)', 하선은 매미가 허물을 벗어 갱신하듯이 사람이 죽은 뒤에 거추장스러운 주검을 스스로 시해(尸解)해 지워버림으로써 부활한 신선, 즉 죽은 후 자신의 죽음에서 해방되어 달성된 신선이라는 뜻으로 '시해선(尸解仙)'이라 칭했다(신립상, 2005; 유향, 2011). 시해선은 죽은 뒤 시체가 사라지거나 유품이나 소지품을 남기는 특징을 지닌 귀신 신선이라는 뜻에서 '귀선(鬼仙)'이라 칭하기도 한다.

마을 뒷산 입구 마을 공원에 있는 나무들이 길 위로 그늘을 드리운다.

은 "이 마을 근처 성황당 고개 밑에 신선이 살았다"라는 정도로 매우 희미하
다. 서선리에는 온돌 중심 겹집에 마루를 도입한 강원도 특유의 가옥으로
서, 지은 지 200년이 된 경주 이씨 종가의 '이두형가옥(李斗炯家屋)'(강원도 유
형문화재 제91호)이 있다. 이 마을은 경주 이씨 집성촌이자 공무원을 상당히
많이 배출한 곳으로 알려졌다.

2. 마을의 신선 전설

양양 강선리는 마을 이름의 유래가 신라시대 화랑 가운데 한 명인 '영랑(永
郎)'의 호연지기적 수련 활동과 관련이 깊다. 신라 효소왕(孝昭王) 때 영랑(永
郎)·술랑(述郎)·남랑(南郎)·안상(安祥)은 '사선(四仙)'으로 불렸는데, 영랑이
이 마을의 뒷산에 머물며 강선대(降仙臺)를 짓고 심신을 수련했다는 전설에

강선대 자리로 이어진 마을 뒷산 숲길과 강선대 옛터
김철래 이장이 강선대를 떠받치던 주춧돌을 가리키고 있다. 주춧돌은 본디 여섯 개였으나 현재 셋만이
남아 자리를 지키고 있다.

서 마을 이름이 유래한다. 강선대는 '강선정(降仙亭)'이라고도 불렸다. 『양양
군지』와 양양군 홈페이지에는 옛 문헌들의 전래를 빌려 "신라시대 선인(仙
人) 영랑구랑(永郎述郎)이 이곳에서 잠시 두류(逗留: 머무름)했으므로 이를
기념하기 위하여 '강선대(降仙臺)'를 축(築: 건축)하고 이로 인해 이명(里名)을
'강선리'라고 하였다"라고 소개한다.

이 마을의 신선 전설은 그 주인공이 신령과 같은 존재가 아닌 인간으로서의 신선이다. 따라서 신적인 영험함을 설파하기보다 신선의 경지에 이른 선인의 풍류도를 상징한다. 일반적인 신선 스토리와 달리, 매우 드물게 '신령 신선'이 아닌 실존했던 '인간 신선'의 전설을 토대로 지명이 형성되었음을 알 수 있다. 지명의 배경이 된 사물인 강선대는 신라시대에 화랑들이 머무르며 심신을 단련하는 수련의 중심 공간으로서 세운 누각이다.

누각이 있었다는 마을 뒷산은 '큰둥', 앞산은 '버꾹봉'이라 불린다. 큰둥에는 하늘을 향해 쭉쭉 뻗은 노송이 많다. 떡갈나무, 신갈나무, 산오리나무, 상수리나무, 갈참나무와 같은 활엽수도 섞여 있고 산야초가 풍부하다. 역사학자들과 김철래 이장을 비롯한 마을 사람들은 삼국통일 후 정세가 안정되자 신라의 화랑들이 군사훈련 대신 명산대천을 순회하며 풍류 생활에 매진했으므로 그 과정에서 영랑이 이 마을에 들렀을 것으로 추정한다. 신선으로 추앙받는 문장가이자 학자인 최치원은 이런 화랑의 풍류도를 "현묘지도(玄妙之道)"라고 표현했다.

3. 전설의 주역, '영랑'은 누구인가

그렇다면 영랑은 구체적으로 어떤 인물일까. 조선 명종 때의 도사 조여적(趙汝籍)이 편찬한 『청학집(靑鶴集)』에는 "영랑은 우리나라 선파(仙派)의 우두머리인 환인(桓因)의 도맥을 단군과 문박(文朴)을 통하여 이어받은 선인으로서 그 선술을 신녀보덕(神女普德)에게 전하여 주었다"라고 전한다. 즉 우리나라 시조 단군에게서 신선술을 배운 '문박(文朴)'이라는 사람이 영랑에게 신선술을 전수해 줬다는 내용이다. 조선 성종 때의 지리서 『동국여지승람

(東國輿地勝覽)』 등에 따르면 영랑은 강원 동해안의 통천 총석정(叢石亭), 강릉 경포대(鏡浦臺), 원주 입춘단(立春壇), 고성 삼일포(三日浦), 울진 월송정(越松亭) 등 고봉 명승과 대천을 돌며 풍류를 즐긴 것으로 기록되어 있다. 조선 후기 인문지리지 『여지도서(輿地圖書)』에도 화랑 영랑 등이 노닐던 곳으로 강릉 경포대(鏡浦臺), 원주 입춘단(立春壇), 고성 삼일포(三日浦) 등이 지목되었다. 이런 문헌들을 통해 영랑이 양양 강선리에만 머물지 않고 동해안의 승경을 비롯해 각지를 순회했음을 알 수 있다.

예를 들어 『동국여지승람』의 '통천군' 편에 실린 총석정에 관한 내용에는 "총석정은 고을 북쪽 18리에 있는데, 수십 개의 돌기둥이 바다 가운데 모여 섰다. 모두가 육면(六面)이며 형상이 옥을 깎은 것 같은 것이 무릇 네 곳이다. 정자가 바닷가에 있어 총석(叢石)에 임했기 때문에 그렇게 이름한 것이다. 민간에서는 신라 때의 술랑, 남랑, 영랑, 안상의 네 신선이 이곳에서 놀며 구경했기 때문에 사선봉(四仙峯)이라 전한다"라고 적혀 있다.

다른 문헌에는 강원도 명주군 강동면 하시동리(下詩洞里)에 신라시대 선인 영랑이 갈아 만든 돌절구 '영랑 석구'가 있다고 쓰여 있다(허흥식, 1984). 강릉부사 윤종의(尹宗儀)가 새긴 글귀 "신라선인영랑연단석구(新羅仙人永郎鍊丹石臼)"가 예서체로 남아 있는 이 돌절구의 길이는 81.8cm, 폭 57.6cm, 높이 90.1cm에 달한다. 관동팔경(關東八景)● 중 하나인 울진군 평해읍 월송리에 있는 월송정은 영랑을 비롯한 신라의 사선들이 송림을 순례하며 지나쳤다 하여 '월송정(越松亭)'이라 불렸다고 한다. 고려시대까지 월송정 주변에는

● 옛 행정구역 기준으로 강원도 관동 지방의 동해안에 있는 여덟 개 명소를 지칭하는데, 이곳을 노래한 시가와 얽힌 전설들이 많다. 간성의 청간정(淸澗亭), 강릉의 경포대(鏡浦臺), 고성의 삼일포(三日浦), 삼척의 죽서루(竹西樓), 양양의 낙산사(洛山寺), 울진의 망양정(望洋亭), 통천의 총석정(叢石亭), 평해의 월송정(越松亭)을 말한다. 월송정 대신 통천의 시중대(侍中臺)를 넣기도 한다.

신라의 화랑과 낭도들이 심었다고 전해지는 1만여 그루의 소나무가 있었다고 전해진다.

그렇다면 신선 영랑의 마지막 흔적은 무엇일까. 향미산(向彌山)에 들어가 높은 경지에 오른 신선이 된 것으로 보인다. 『규원사화(揆園史話)』의 만설(漫說) 등에 따르면 "예전에 영랑이 인생의 덧없음을 한탄하고 앞선 성인들이 신이 되었음을 사모하다가 그 식솔을 버리고 향미산에 들어가 도를 닦더니, 나이 아흔에도 어린아이와 같은 얼굴색을 하고서 백로의 깃으로 만든 관(冠)에 철죽(鐵竹) 지팡이를 짚고 호수와 산을 거닐었다"라고 한다. 아울러 "마한(馬韓)의 신녀(神女) 보덕(寶德)이 하루살이의 얼마 남지 않은 목숨을 한탄하며 아침 이슬이 쉬이 사라지는 것을 애석해하더니, 이에 스승을 찾아가 도를 배우고는 거문고를 타며 노래를 부르니, 그 소리는 마치 영묘한 하늘의 옥퉁소 같았고, 그 모습은 마치 가을 연못의 연꽃과도 같았다. 이러한 것이 진실로 신선에 이른 것이라 할 것이다"라고 묘사되어 있다(이종은, 1996; 2004).

『청학집』과 『규원사화』에서 환인이 신선 사상을 중심으로 하는 동방선도의 시조이며, 뒤를 이어 환웅 → 단군 → 문박 → 영랑 → 보덕 등으로 도교의 맥이 이어짐을 설명한다. 역사학자이자 민속학자인 이능화는 『조선도교사』(1977)에서 도맥(道脈)을 기록한 조선 후기 서적 『백악총설(百岳叢說)』을 보면 환인을 우리나라 도맥의 시원으로 삼고, 그 계보를 환인 → 환웅 → 단군 → 문박 → 을밀 → 영랑 → 안류 → 보덕성녀로 본다고 분석했다. 강선마을 신선 전설의 주인공인 신라의 화랑 영랑이 우리나라 도맥 계보의 중심에 있는 인물이라는 뜻이다.

강선마을 뒷산 숲
울창한 노송이 숲을 가득 메우고 있다.

강선마을 뒷산의 식생　수세가 우거져 가히 신선이 노닐 만큼 깊고 아름다운 정경을 자랑한다.

4. 강선대와 전설, 복원은 가능한가

　강선리 마을은 멀리서 보면 산세가 쭉쭉 뻗은 노송으로 빼곡해 비경을 이루고 있는데, 이 신선 전설은 승경지세와 이를 통해 얻는 기풍인 호연지기를 강조한다. 영랑이 훗날 얻은 '불로장생술'도 이 마을에서의 심오한 수련과 관련이 있는 것으로 주민들은 해석한다. 강선리 김철래 이장은 "강선대를 떠받치던 주춧돌이 원래 모두 여섯 개였는데, 안타깝게도 누군가가 좋은 기를 받는다는 목적으로 세 개를 캐 가서 현재는 세 개만 남아 있다"라고 말했다. 현지를 실제 답사한 결과 마을 뒷산에 있었다는 강선대는 한국전쟁 때 불타 볼 수 없었다. 실제 누각을 떠받치던 주춧돌만 풀 속에서 얼굴을 약간 드러낸 채 남아 있었다.

　마을 주민들은 마을 형세가 입구에서 보면 '여궁혈(女宮穴)', 즉 어머니 자

뒷산 자락의 마을 정자 힐긋한 팔각정이 강선대의 옛 정취를 다소나마 대변하는 듯하다.

강선리 입구   버스정류장을 지나면 마을 입구에 재래식 한증막 시설이 있다.

궁의 형태로 음기(陰氣)가 매우 세지만 그것을 잘 다스리면 발복(發福)의 지세인 데다 마을 앞으로는 동해안이 자리 잡고, 뒤로는 설악산이 지탱하고 있어 기운이 더 없이 좋아 화랑들이 수련하기에 충분했을 것이라고 말한다. 설악산과 그 자락이 멀리서 첩첩으로 호위하는 가운데 하늘에서는 햇볕이 뜨겁게 직사하고, 마을 앞에는 아담한 산이 짜디짠 해풍을 막아준다. 지상에서 흐르는 천기와 땅속으로 흐르는 지기가 잘 조화된 곳이라는 설명이다. 그래서인지 김철래 이장은 "마을 뒷산에는 화랑 영랑의 전설 외에도 하늘에서 신선이 내려와 여기에 머물며 놀다가 설악산 비선대로 가서 승천했다는 별도의 전설이 전해온다"라고 말했다. 풍수에서 자궁의 형상은 음덕(蔭德)이 충만하고 발복(發福)하는 땅이라고 한단다(최기순, 2008). 음덕은 조상이 쌓은 은공이 통해 자손에게 베푸는 덕이고, 발복은 운이 틔어서 복이 내리거나 닥친다는 뜻이 아니던가. 땅이 포근하고 물이 많아 사람들이 살기 좋은 땅으로 천지간의 기를 모아 잉태하게 해준다고 한다. 이른바 '잉택(孕宅)'의 터다.

이 마을에 기가 충만하고 복받는 터로 알려지면서 아예 이주하는 사람들이 늘어나고 있다. 마을을 구경하러 오는 외지인들도 많다. 강선리 본동에는

130여 가구가 산다. 주민들은 무화과, 다래, 포도, 약초 등을 재배하며 살지만, 인근에 택지가 조성되고 아파트가 들어서면서 변화의 조짐이 나타났다. 마을 입구에 높게 황토 화덕을 쌓아올린 재래식 한증막도 생겨났다. 이 마을은 이렇게 지기가 좋아 살기 좋은 곳이라고 소문이 나면서 강원도 영북 지역(강원도를 동서남북에 따라 영동, 영서, 영북, 영서로 나눠 부르는 권역별 지칭) 농촌 마을 가운데 인구가 가장 많아졌다(강현면사무소). 그러나 주변에 아파트 단지는 물론이고, 상업 시설이 많이 들어서서 강력한 환경보호 대책이 필요할 것으로 보인다.

　마을의 신선 전설이 문화유산의 영역인 구전전통 가운데 하나라는 점에 비춰볼 때 체계적인 보호 대책이 필요하다. 마을의 정체성과 역사적 지속성을 보존·전수하기 위해 신선 전설의 원형을 더 추적하고 강선대의 옛 모습을 그대로 복원해야 한다. 다행스럽게도 뒷산에 강선대를 떠받치던 주춧돌이 남아 있는 데다 한국전쟁을 겪은 세대가 일부 생존하고 있어 그들의 기억과 전래담을 토대로 당대 누각의 모습을 고증해 나가면 복원이 어렵지 않을 것이다. 신선 전설을 기록한 표지석뿐만 아니라 영랑의 활약상을 알리는 전시 공간도 필요하다. 전국의 산하를 돌며 수련한 후 향미산에 들어가 인생 허무를 한탄하고 나이 아흔에도 어린아이와 같은 얼굴색을 하고서 백로의 깃으로 만든 관에 철죽 지팡이를 짚고 호수와 산을 두루 다니며 구경하던 영랑의 모습이 그려진다.

제2장
인제 강선마을

1. 강선마을은 어떤 곳인가

인제 강선마을 표지판

　인제 강선마을(降仙마을)은 강원도 인제군 기린면 진동리 곰배령 자락에 있는 산촌이다. 이곳은 봄철 산야초 트래킹 명소인 점봉산(1424,2m) 자락 곰배령(1164m)의 유명세에 가려져 그동안 마을의 이름이 크게 부각되지 못했다.

강선마을 입구 강선마을을 알리는 안내판이 보인다.

서울에서 서울양양고속도로를 이용해 서양양나들목으로 빠져나와 수십 굽이 고갯길(418번 지방도)에 올라 조침령터널을 거쳐 북부지방산림청이 운영하는 점봉산산림생태관리센터(033-463-8166) 앞 넓은 주차장에 차를 대고(주차료 5000원) 입산해 마을에 닿을 수 있다. 또는 서울양양고속도로를 이용하다가 인제나들목으로 빠질 경우에는 연이어 진동리로 향하는 418번 지방도를 이용할 수도 있다.

내비게이션 검색창의 경우 도로명 주소 '인제군 기린면 진동리 곰배령길 12' 또는 옛 주소인 '인제군 기린면 진동리 218-1'을 입력해야 한다. 차로 달리다 보면 38선 이북임을 알리는 표석이 나와 처음 찾는 이들에게 긴장감을 불러일으키기도 한다. 해당 장소는 산림 유전자원 보호구역이라서 입산이 연중 통제되며, 그 때문에 강선 마을 탐방이나 곰배령 탐사는 점봉산산림생태관리센터로 사전 예약해야 방문이 가능하다. 점봉산산림생태관리센터는 한 달 단위로 예약을 받는다. 하루 방문 제한 인원은 450명이며, 월요일과 화요일은 휴무라서 예약이나 방문이 불가능하다.

강선마을의 아름다운 풍경

강선마을의 초입

곰배령으로 가는 길목

마을 초입 소나무 숲 쭉쭉 뻗은 소나무가 한껏 돋보인다.

2. 신선 전설

강선마을로 향하는 진입로는 가파르지 않지만 입구에서 약 3km를 걸어가야 마을이 나오는데, 이 깊은 숲에 10여 가구가 자리 잡고 있다. 마을로 향하

맑고 수려한 계곡과 소

는 길목치고는 짧지 않은 거리인 데다 관광객이나 외지인에게는 자동차 진입이 허용되지 않아 많이 걸어야 한다. 이처럼 다소 독특한 규제 때문에 이 마을은 일종의 신성불가침 지역처럼 느껴진다. 마을은 해발 900~1000m 고지에 위치해 숲길과 계곡물이 청정하고 아름답지만, 무엇보다도 늦봄과 초여름의 야생화 풍경이 절경이다. 이 마을은 '천상의 화원'으로 불리며 마치 곰이 하늘을 향해 배를 드러내놓고 있는 듯해 곰배령으로 불린 고개로 올라가는 길목에 있다.

강선마을에서 곰배령으로 올라가는 숲길

강선마을 숲에서 만나는 소나무 군락

　마을 이름은 산세의 풍광에 도취된 신선이 하늘에서 내려와 홀연 경치를 즐기다가 때를 잊은 채 다시 하늘로 올라가지 않고 그냥 마을에 눌러 살았다는 전설에서 유래한다(이장 양승남). 선계와 같은 풍광과 무위자연의 인생철학이 느껴지는 숲속의 숨겨진 마을이다. 신선에 관한 부수적인 전설은 더는 수집할 수 없었다.

　인제군의 지명 유래가 된 '기린(麒麟)' 전설과 어우러진 강선마을의 신선 전설은 이 마을의 신비성과 신성성, 단절성, 은거성을 상징한다. 속세와 완전히 분리된 오지에 위치해, 38선 이북의 접경지였는데도 1950~1953년 한국전쟁 때 큰 피해를 입지 않아 그 신성성과 불가침성을 자랑으로 여긴다고 마을 사람들은 말한다. 강선마을이 속한 기린리의 명칭은 아프리카 등의 건조한 사바나 지역에서 흔히 볼 수 있는 키가 큰 초식동물과는 전혀 다른 동양권의 상상의 동물 기린에서 유래한다. 몸은 사슴, 꼬리는 소, 발굽과 갈기는 각각 말과 같으며, 빛깔은 오색으로 한국의 민속에서는 성인이 태어날 징조로 여긴다.

3. 사라진 굴피집과 너와집

마을을 둘러싼 산과 숲에는 식생 특성상 침엽수는 드물고, 활엽수가 즐비하다. 단풍나무·거제수나무·피나무·신갈나무·물푸레나무·서어나무 등이 빼곡하고, 고지대인 점봉산 자락에서 옛날 불을 질러 밭을 일구며 농사

울창한 숲의 산야초들

를 짓고 살던 화전민들의 산촌문화도 살펴볼 수 있다. 건강에 좋다는 산나물도 풍성하다. 점봉산은 한반도 남방 자생식물의 북한계선과 북방 자생식물의 남한계선이 교차하는 곳에 있다. 서식하는 식물종이 약 850종으로 한반도 전체의 20%에 달한다고 한다. 이렇듯 생태적 가치가 있어 1993년 유네스코 생물권보전지역으로 지정되었다.

과거에는 이 마을과 주변 마을에서 전통 가옥인 '굴피집'과 '너와집'을 쉽게 볼 수 있었다. 그러나 이제는 꽤 현대화되고 지붕이 개량되어 그런 전통주택의 모습을 찾아볼 수 없다. 위치와 주변 풍광으로는 최고의 신선마을이라 칭해도 지나침이 없지만, 현재의 마을 구조와 민가의 모습 등은 새롭게 단장되어 자연성이나 전통성과는 거리가 멀다. 양승남 이장은 "마을 주민들의 구성을 살펴보면, 곰배령 자락 계곡의 신비로움에 도취되어 집을 구입해 몰려든 외지인이 더 많다"라고 말한다.

곰배령으로 향하는 산행객들과 표지석

곰배령에서 바라본 주변 산맥

산야초로 절경을 이룬 곰배령   초봄과 초여름이면 갖가지 산야초가 곰배령을 단장한다.

강선마을 진입로에 설치된 38선 표지석

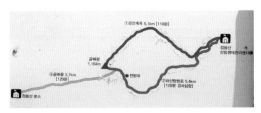

강선마을 입구 생태센터에 있는 등산 안내도

생태센터에서 설치한 국유림 표지석

굴피집은 참나무 껍질로 지붕을 이은 집이며, 너와집은 얇은 돌 조각이나 나뭇조각으로 지붕을 이은 집이다. 강원도 산악 지역에서만 볼 수 있는 특유한 가옥으로 문화유산으로서 가치가 높다. 방문객들은 기나긴 계곡의 숲길을 따라 강선마을에 이르면 마을의 모습을 보고 실망감을 감추지 못한다. 산촌다운, 신선마을다운 전통적이거나 예스러운 가옥의 운치가 없기 때문이다. 따라서 화전민촌 시절의 공동체 의식과 전통문화를 복원하고 스토리로 전래되는 신성성과 불가침성을 외형으로 보여줘야 한다. 굴피집과 너와집 복원은 물론이고 마을 동선, 주택, 진입로 등도 신선 전설에 걸맞도록 예스럽게 단장해야 한다.

제3장
서울 선유도

1. 선유도는 어떤 곳인가

선유도에서 바라본 한강　왼쪽에 양화대교가 보인다.

서울 선유도(仙遊島)는 서울시 양평동 강변의 '선유도공원' 자리에 있던 섬 마을이다. 서울시 영등포구 선유로 343번지에 있다. 선유도공원(11만 400㎡)은 양평동 한강시민공원 양화지구와 맞닿아 있다. 옛 선유도의 역사와 정취를 계승해 164억 원을 들여 공사를 마치고, 2002년 4월 26일 개장했

서울 한강공원 양화지구에서 선유도로 이어지는 선유교

선유도에서 바라본 한강 멀리 성산대교가 보인다.

선유교(왼쪽), 선유도 북단에서 바라본 성산대교(가운데)와 양화대교(오른쪽)

선유도공원 벤치

다. '재활용 생태공원'이라는 개념을 도입해 양화대교 인근에 있던 선유정수장 시설을 활용해 공원을 조성했다. 공원에는 한강 변 문화유적이나 무속신앙 등 문화유산은 물론이고 한강의 역사와 동식물을 한눈에 볼 수 있는 한강역사관, 수질정화공원, 시간의 정원, 물놀이장, 200석 규모의 원형 소극장과 카페테리아 등이 들어서 있다.

수양버들, 미루나무, 살구나무, 모과나무, 메타세쿼이아 등 100여 종의 수목과 함께 갖가지 풀과 꽃이 싱그러움을 뿜낸다. 특히 공원 한복판은 자작나무

선유도의 상징　왼쪽부터 수양버들, 은행나무, 자두나무, 메타세쿼이아 숲의 모습이다.

초여름에도 활짝 핀 선유도의 코스모스

선유도 전시관(왼쪽)과 선유도공원관리사무소(오른쪽)

양화로 버스정류장(왼쪽)과 지하철 9호선 선유도역(오른쪽)

숲과 미루나무 길이, 정자인 선유정 근처는 소나무 숲이 매우 아름답다. 지하철 5호선 선유도역(2번·3번 출구)이나 2호선 당산역(4번 출구)을 이용하면 공원을 쉽게 방문할 수 있다. 강 건너 북쪽의 합정역에서도 간선버스(761번,

선유도공원 안내도 파노라마 사진 같은 안내도가 인상적이다.

603번)와 지선버스(5714번, 7612번)를 이용해 선유도공원에 도착할 수 있다. 당산역 쪽에서 이동하는 버스 이용객은 당산대교 밑 통로를 이용해 공원에 이를 수 있다. 선유도공원역 쪽에서는 보행 전용인 무지개다리 '선유교'를 건너면 공원에 도착한다. 새벽에는 찬란하고 신비로운 여명을, 낮에는 깨끗하고 청량한 한강 강변 정경을, 밤에는 빨강·노랑·초록·파랑 등 네 가지 빛으로 어우러진 수려한 야간 조명과 함께 서울 시내의 아름다운 야경을 감상할 수 있다. 합정역에서 시작해 양화대교 → 선유도공원 → 서강대교를 거쳐 다시 합정역으로 돌아오는 코스를 따라 설계해 트래킹을 즐겨도 좋다.

선유도공원 조류전망대 표지판(왼쪽), 선유도 잔디밭(가운데), 양화대교(오른쪽)

3. 선유도의 신선 전설

선유도에는 원래 해발 40여 미터로 가파르게 치솟은 두 개의 암봉(岩峰)으로 이뤄진 '선유봉(仙遊峯)'이 있었다. 이 선유봉이 마을 이름의 연원인 신선 전설의 진원지다. 한포재(閑圃齋) 이건명(李健命)의 문집 『한포재집(寒圃齋集)』에 따르면 옛날부터 고기잡이하는 어가(漁家) 수십 가구가 벼랑을 깎아내어 살고 있었는데 현재는 봉우리도, 마을도 흔적 없이 사라졌다. 옛날 이 봉우리는 기묘하게 솟구친 만두형세(饅頭形勢)의 산세였기에, 신선들이 그 비경에 취해 노닐며 봉우리에 앉아 장기를 두었다는 전설이 전해진다(선유도공원 관리소 관계자). 나이 지긋한 신선들이 구름을 아래에 두고 암릉 꼭대기에 앉아 장기를 두는 모습은 상상만 해도 신비롭다. 한강에서 불쑥 치솟아 오른 듯

선유정에서 바라본 양화대교

선유도 앞 한강레저양화수상스키장

한 봉우리의 암릉미(巖陵美)가 신선 도래 전설과 어우러져 더욱 돋보인다.

명나라 사신 주지번(朱之蕃)이 조선시대 한양에 왔다가 이 절경에 감탄해 '지주(砥柱)'라는 글자를 새긴 까닭에 '지주봉(砥柱峯)'이라 불린다는 또다른 전설도 전해진다. 그러나 지주(砥柱)라는 글씨는 1596년 조선에 온 중국 사신 이종성(李宗誠)이 썼다는 기록도 있다. 『한포재집』에서는 이종성이 우뚝 솟은 선유봉이 신하다운 절개와 지조를 상징한다는 중국 황하(黃河) 삼문협(三門峽) 동북쪽에 있는 산인 지주를 닮은 데다, 이 산의 돌을 모두 숫돌로 쓸 수 있으리라 생각해 지주라는 글자를 썼을 것이라고 전한다.

옛날 한양의 백성들은 망루처럼 높은 이곳을 찾아 밤낮으로 한강과 달을 바라보며 이 전설을 음미했고, 한 번쯤 그 신선이 되어봄 직했을 것이다. 특히 보름달이 뜬 야경이 매우 빼어났다고 한다. 선유봉 강가 버드나무 숲의 꽃이 피면 강가를 온통 뒤덮는 아름다움이 장관을 이뤘고, 눈부신 금빛 모래밭의 풍치도 이에 뒤지지 않았다(김경우, 2017). 이곳이 그 옛날 복과 소망을 가득 채우는 달을 구경하고, 강물에 시름을 흘려보내던 유별난 한강 변의 무위자연적 공간이라는 점에서 선인들이 행한 유유자적(悠悠自適)의 지혜를 엿볼 수 있다. 조선 시대 지도의 양천현 부분을 보면 선유봉(仙遊峰)이나 선유산(仙遊山)이라는 이름으로 표시된다. 선유봉의 옛 모습과 흔적을 대략적으로 설명해 주는 '선유봉 유래비'는 선유도공원 관리소 옆에 설치되어 있다.

이건명은 『한포재집』에서 선유봉의 정취에 대해 "산은 비록 작지만 중류에 우뚝 솟아 있어 꿋꿋하게 뽑히지 않는 기세가 있다. 대강(大江: 한강)의 북쪽 물줄기는 비록 등지고 있어 보이지 않지만, 남쪽 물줄기가 굽어 들어오는 모습은 몇 리 떨어진 곳에서도 아득하게 보인다. 앞쪽 물굽이에서는 씻을 수 있고 물놀이를 할 수 있다. 들판에 비록 자갈과 모래가 많지만 지세가 넓게 뻗어 있어 청색과 황색을 뒤섞어 수놓은 비단을 펼친 듯하니, 또 심고 거두

정선의 〈양천팔경첩〉 중 선유봉

견본채색, 33.3cm×24.7cm. 조선 후기 화가 겸재(謙齋) 정선(鄭歆, 1676~1759)이 염창동 방
향에서 선유봉을 보고 그린 산수화로, 산 중턱 오른쪽의 기와집 세 채 가운데 맨 앞의 집이 선
조 임금이 하사해 이건명이 증축했다는 '삼유정(三有亭)'으로 추정된다.

는 것을 볼 수 있다. 이 세 가지의 아름다움을 우리 3대의 소유로 삼아 처소에서 휘파람 불며 읊조리니, 어찌 세상 근심 잊고 내 삶을 보내기에 충분하지 않은가"라고 묘사했다(이건명, 1758).

선유봉의 신선 전설은 무형유산의 측면에서 예부터 원주민 공동체에게 위안, 안식, 여유, 풍류를 제공한 것으로 해석된다. 1899년에 발간된『양천군읍지』에는 선유봉이 곽리자고(藿里子高)의 처 여옥(麗玉)이 지었다는 고대 가요「공무도하가(公無渡河歌)」의 배경으로 기술하고 있어, 선유봉 신선 전설에 주술적·신화적 세계관까지 투영되었음을 알 수 있다.

이곳 주변에는 실제로 각종 미신과 무속신앙이 산재했고 부락의 수호신을 모시는 신당(神堂)이 도처에 자리 잡고 있었다고 문헌은 전한다. 1894년 11월에서 1895년 2월에 편찬된 경기도 8개 군현 및 영종진의 읍지와 사례를 모아 엮은 책『기전읍지(畿甸邑誌)』에 따르면 옛날 양평동 동쪽인 당산동에는 신당을 모시는 당집들이 즐비해 고사(告祀), 도당굿, 질병굿은 물론이고, 명절마다 당제를 지냈다(議政府, 1895). 서쪽 마을에는 큰 굿을 하던 신목(神木)을 갖춘 당집이 있었고, 북쪽 선유봉에는 용화사(일명 '선유봉절')라는 사찰이 있었다.

한양, 경성, 서울 등 다양한 지명 변천을 겪은 서울에서, 이곳은 시대를 막론하고 '신선이 반할 정도로' 한강 변에서 가장 빼어난 봉우리였다. 또한 선유봉은 여러 풍류객들이 찾아와 시화(詩畵)를 즐긴 곳으로, 조선 후기 문인인 서명응(徐命膺)은 '서호십경고금체(西湖十景古今體)'에서 '선봉범월(仙峰泛月)'을 지어 그 아름다움을 예찬하기도 했다.● 서해에서 수백 리 물길을 헤

● 서호십경은 중국 남송시대 화단(畵壇)의 선비들이 서호에서 빼어난 열 곳을 선정했던 것에서 비롯된 말이다. 우리나라에서 서호(西湖)란 긴 한강 물줄기 가운데 두모포를 지칭하는 '동호', 용산강을 지칭하는 '남호'와 대칭해 마포부터 서강·양화진 일대를 부르는 명칭으로, 한국의 서호십경

선유도 북쪽에 있는 선유정

처 경강(한양 부근의 한강)에 들어오던 뱃사람들과 상인들도 한강에 비친 달과 선유봉을 보고 감탄했으며, 선유봉에서 중국 사신을 접대했다는 기록도 남아 있다(김경우, 2017). 1741년 무렵 양천 현감을 지내며 선유봉을 가까이 접했던 겸재 정선은 선유봉을 배경으로 〈양화환도(楊花喚渡)〉, 〈금성평사(錦城平沙)〉, 〈소악후월(小岳後月)〉 등의 진경산수화(眞景山水畵)를 그렸다. 조선조 양녕대군도 말년에 이곳에 정자인 영복정(榮福亭)을 짓고 자연풍광과

은 이 서호에서 바라본 열 가지 경치인 ① 백석조조(白石早潮: 백석에 아침 일찍 올라오는 바닷물 모습), ② 청계석람(靑谿夕嵐: 청계산의 저녁 기운), ③ 율서우경(栗嶼雨耕: 밤섬의 비갠 후 밭갈이 모습), ④ 마포운범(麻浦雲帆: 마포의 구름처럼 정박해 있는 돛단배), ⑤ 조주연류(鳥洲烟柳: 새섬의 저녁 연기와 버들가지), ⑥ 학정명사(鶴汀鳴沙: 방학다리 아래 밟으면 소리 나는 곱고 깨끗한 모래밭 풍경), ⑦ 선봉범월(仙峰泛月: 선유봉 아래 물에 비친 달), ⑧ 농암관창(籠岩觀漲: 밤섬 앞 농바위에 한강물이 넘치는 모습), ⑨ 노량어조(露梁漁釣: 노량진에서의 고기잡이와 낚시하는 풍경), ⑩ 우잠채초(牛岑採樵: 와우산에서의 땔나무하는 모습)를 말한다(이지누, 2007.6.8).

선유봉 유래 표지석

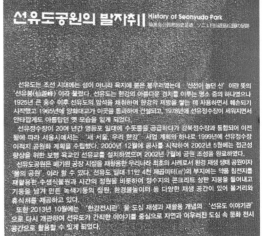

선유도공원의 유래를 설명하는 안내판

풍류를 즐겼다. 의병장 김천일(金千鎰)의 『건재집(健齋集)』의 「건재선생문집 부록 4권(健齋先生文集附錄卷之四)」 기사 "신도비명(神道碑銘)"에 따르면, 임진왜란 당시 이여송이 명나라의 2차 원병을 이끌고 참전했을 때 우리 수군이 명군을 도와 왜군 방어를 하고자 선유봉에 보루를 쌓고, 수군을 출병시켜 노량진을 봉쇄한 일도 있었다(이한성, 2019.10.28).

4. 선유봉 되살리기

선유봉은 물론이고 선유도의 옛 모습도 지금은 사라져 볼 수 없기에 적어도 쌍둥이 봉우리(해발 40m)인 선유봉을 재현해 전설의 실재성과 가치를 되살릴 필요가 있다. 신선 전설의 구체적 스토리도 채록을 더욱 강화해 원형을 살리고 이를 보존해야 한다. 그렇게 한다면, 선유도 건너편 절두산(잠두봉)과 함께 선조들이 뱃놀이하고 달구경하던 역사성과 장소성이 되살아날 것이다. 조선시대만 해도 선유봉 앞은 한강, 즉 큰 물줄기라는 의미로 '대강(大江)'이라 불렸고, 그 뒤편인 지금의 샛강 쪽 작은 나루는 '철진(鐵津)'이라 칭해졌다. 훗날 일제강점기에 행정구역을 개편하며 경기도 김포군 양동면 양화리에 속했다가 서울로 편입되었다.

1925년에는 봉우리 주변으로 농업과 어업에 종사하던 30여 가구가 살았는데, 서울 중심부인 남대문 앞은 물론이고 서울시 전역이 침수된 이른바 '을축년 대홍수'가 일어났다. 이에 일제가 선유봉의 토사를 퍼내고 한강 변에 둑을 쌓았으며, 1936년에는 한강 치수 사업을 위해 원래의 주민들도 이주하게 되었다. 1929년에는 일제가 태평양전쟁 준비 등을 목적으로 여의도 비행장 건설에 쓰고자 선유봉의 암석과 토사를 파내며 원형이 크게 훼손되었다.

이후로도 도로 부설과 양화대교 건설 등을 위해 토사를 계속 채취하고, 이후 도시화가 이뤄지면서 흔적이 완전히 사라졌다. 현재의 선유도공원은 원형과 무관하게 새로 만든 것이다. 수심이 낮고 백사장이 넓어 선유도와 양화나루 사이를 걸어서 오가던 조선시대의 환경은 완벽하게 재현하지 못할지라도 원형의 위치와 모습을 볼 수 있는 시설을 만들어 봉우리와 전설의 향취를 즐길 수 있게 할 필요가 있다.

제4장
파주 선유리

1. 선유리는 어떤 곳인가

파주 선유리의 선유시장 선유시장이 있는 파주시 문산읍 선유4리에는 상가 타운이 밀집해 있다.

파주 선유리(仙遊里)는 경기도 파주시 문산읍에 있는 마을이다. 선유리는
행정적으로 여덟 개의 '리'로 구성된다. 파주 문산읍에서 버스나 승용차를 이
용해 율곡 이이가 말년을 보낸 임진강 화석정(花石亭)을 향해 달리다 보면,

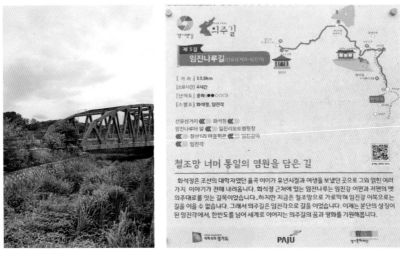

철조망이 쳐진 철교와 임진나루길 안내판　선유리 곳곳에서 통일의 염원이 엿보인다.

경로 중간쯤에 옛날 주막거리, 미군들이 이용하던 상업 시설이 밀집해 중심
가가 된 선유4리가 나온다. 선유4리는 선유1~8리 가운데 우리가 주목하는
신선 전설을 품고 있는 마을이다. 실제 가보면 전통시장인 선유시장을 중심
에 두고 2차선 도로 양쪽에 상점, 가게, 음식점, 사무실 등이 즐비하다. 서울
에서 지하철을 이용할 경우 경의선을 타고 문산역에 내리면 된다. 선유리 일
대는 미군이 반환한 공여지 캠프 자이언트(48만 m²)와 캠프 개리오언(69만
m²)의 산업단지 개발 등을 앞두고 지역 발전과 부흥을 기대하고 있다. 옛 시
절에는 상가로서 매우 화려한 지역이었기 때문이다. 조선시대까지는 임진
강 나루로 오가는 교통의 요지이자 물산의 집결지로 인파가 몰렸으며, 미군
주둔기에는 미군들을 상대로 장사를 하여 상업지역으로서 호황을 누린 곳
이다.

말똥산 아래 주택단지

2. 팔선녀 전설

파주시 문산읍 선유4리 뒷산에는 산봉우리에서 보는 산세와 임진강 줄기가 수려해 팔선녀(八仙女)가 목욕하며 노닐다가 하늘로 올라갔다는 전설이 구전된다. 이 뒷산은 '말똥산'이라 불린다. 팔선녀 전설의 발원지는 산 밑에 자리했던 독서울 연못이며, 옛날에는 그 위 약수터 물이 고여 큰 연못을 이루었다고 한다(노인회장 안상근). 연못은 아파트 단지를 지으면서 사라지고 말았다. 팔선녀 전설 이외의 다른 전설은 채록되지 않았다.

동양문화에서 팔(八)은 팔괘(八卦), 팔정도(八正道), 팔도(八道), 팔선녀(八仙女), 팔음(八音)이라는 용례로 미루어 보건대 '많음', '온갖 것들', '전부'를 뜻하는 숫자다. 팔선녀는 온갖 복, 즉 '만복(萬福)'을 가져다주는 존재로 천주떡

선유4리의 마을 뒷산 팔선녀 전설의 발원지인 이 뒷산을 주민들은 '말똥산'이라 부른다.

세 덩이, 불로초, 부채를 들고 다니며 인간에게 자손 잉태와 함께 삶의 즐거
움을 제공하고 부귀영화의 덧없음을 깨닫게 해주는 선인이다. 선유리의 팔
선녀 전설은 팔선녀의 강림·놀음·승천 스토리를 토대로 발복(發福)과 구복
(求福)의 세계를 염원한다. 초탈하는 삶과 짝을 이루는 자연의 청정성은 물
론이고, 자손 번성과 번영을 희구하는 메시지가 담겨 있다. 다른 전설보다 서
사적 완결성이 높다. 선녀들이 정착하지 않고 승천했다는 내용이 독특하다.

팔선녀 전설은 구룡폭포와 비룡폭포가 있는 북한 금강산 팔담(八潭)에도
전래한다. 이른바 '금강산 팔선녀'의 전설인데, 파주 선유리의 팔선녀 전설과
내용이 다르다. 천계에서 팔선녀가 내려와 경치가 아름다운 팔담에서 목욕
을 했는데, 옷을 잃어버린 선녀 한 명은 하늘로 올라가지 못하고 총각과 인
연을 맺게 되었다는 전설이다. 문학계에서는 '선녀와 나무꾼' 설화의 모티브
가 된 전설로 추정한다. 금강산 팔담은 금강산 비로봉 동쪽의 구룡대 아래
화강암 계곡에 여러 못이 층층으로 이뤄져 있는데, 그 가운데 큰 연못 여덟

곳을 지칭한다. 골짜기의 깎아지른 듯한 암석과 절벽의 비경, 신비감을 자아내는 물소리뿐만 아니라 구름 같은 안개와 물보라가 장관을 이루기에 그 신비성을 상징하는 전설이다. 금강산의 팔담은 구룡동 계곡 윗골에 있기 때문에 묘향산 만폭동(萬瀑洞)의 팔담과 구분하고자 흔히 '상팔담(上八潭)'이라 부른다. 상팔담은 1980년 1월 북한의 천연기념물로 지정되었다.

팔선녀는 조선 숙종 때 활동한 문인 김만중이 쓴 장편소설 『구운몽』의 등장인물로 주인공 양소유(楊少游)가 아내로 맞이한 여덟 명의 여인들이기도 하다. 소설에서 육관대사(六觀大師)의 제자인 성진(性眞)은 양소유로 환생해 팔선녀의 환신인 여인 여덟 명과 2처 6첩으로 인연을 맺고 입신양명과 부귀영화를 누리지만, 정작 깨어보니 한낱 꿈에 지나지 않았다는 내용이다. 인생무상이라는 불교적 인생관을 주제로 한다.

팔선녀 전설은 일본 에도시대 후기에 활동한 소설가 교쿠테이 바킨(曲亭馬琴)이 1814년부터 1842년까지 무려 28년에

이율곡 시비와 선유6리 표지석
시비가 있는 화석정은 선유6리에 인접한 임진강 강변에서 찾을 수 있다

임진강 강변의 화석정

걸쳐 쓴 장편소설 『난소사토미핫켄덴(南総里見八犬)』(98권, 106책)에도 등장한다. 이 소설에는 각자 인의팔행 구슬을 지닌 여덟 명의 견사(犬士: 개의 성을 지닌 사신)가 등장한다. 이들은 지바현(千葉県) 남부 지역의 사토미

동아시아 여러 이야기의 소재가 되었던 팔선녀

(里見) 가문 공주인 어머니 후세히메(伏姫)를 떠나 흩어졌다가 다시 모여 사토미 가문을 지키기 위해 힘을 합치고 나중에는 입산해 팔선(八仙)이 된다는 것이 줄거리인데, 여덟 개의 구슬을 받은 팔선녀가 흩어졌다 다시 모인다는 설정은 『구운몽』과 흡사하다(금영진, 2014).

선유리의 팔선녀 전설은 '현세구복(現世求福)'의 염원을 드러낸다. 불교와 무속신앙이 결합되어 자손의 번영과 함께 어려운 세태를 극복하려는 주민들의 의지다. 이곳은 일찍이 안동 김씨(安東 金氏), 파평 윤씨(坡平 尹氏), 부평 이씨(富平 李氏) 등의 집성촌이 자리 잡아 마을 사람들이 씨족공동체로서 강한 연대 의식을 발휘했다고 전해진다. 조선시대에는 파주군 칠정면에 속했다가 1989년 문산읍에 편입되면서 정체성의 혼란을 겪었다. 만조기의 바닷물과 홍수 때의 육지 빗물이 만나 범람함으로써 자주 수해를 입었으며, 한국전쟁 때는 남북 간 격전지로서 전쟁의 상흔이 남아 이를 극복하려는 공동체의 염원도 담겨 있다. 선유리는 임진나루와 약 2km 정도 거리가 있어 나루터를 오가는 사람들이 거치는 곳으로 현재의 선유4리에 '주막촌'이 형성되기도 했다(파주문화원, 2009). 선유리는 선유동, 선율, 선울, 선유울로 다양하게 불린다. 선울과 선유울의 '울'은 들판, 벌판, 터라는 뜻이다(이은식, 2011).

말똥산 인근의 현재

전설 발원지로 지목된 곳은 어린이공원이 되었고, 그 옆에서는 아파트 공사가 한창이다.

3. 연못과 주막거리 복원을 위하여

선유4리는 미군정기와 해방 후 20여 년간 의류, 주류, 음식, 화장품, 가전제품, 가구상, 미장원 등이 즐비한 번화가를 이루었다. 그러나 미국의 37대 대통령 리처드 닉슨(Richard Nixon)이 1969년 7월 25일 해외 순방 중 괌에서 발표한 '닉슨 독트린(Doctrine)'의 여파로 1971년 문산 미군 2사단이 동두천으로 이주하면서 쇠락하기 시작했다. 닉슨 독트린은 아시아 방위 책임을 아시아 국가들이 일차적으로 담당하고, 미국은 동맹국이나 중요한 관계가 있는 나라에 핵우산을 제공함으로써 소련에 대한 봉쇄를 추구한다는 것인데, 이것이 미군 철수와 감축으로 이어져 미국과 한국 정부 간 갈등의 주요 원인이 되었다.

팔선녀 전설의 발원지인 선유4리 5단지 아파트 공원을 자연 연못으로 복원하고 그곳에 전설의 원형을 확립해 게시할 필요가 있다. 팔선녀가 금강산 구룡폭포 인근 팔담 전설의 주인공과 어떤 연관성이 있는지도 확인할 필요가 있다. 선유리는 선사시대의 유물인 빗살무늬토기와 간화살촉, 청동기 시대의 유물인 민무늬토기 조각이 다수 발견된 지역이니 전설과 함께 태고 의 역사성을 규명해 보존해야 한다. 전설과 연계된 선유4리 뒷산 연못과 임 진나루의 풍류를 느낄 수 있는 주막촌도 복원해야 한다. 현재 미군 주둔기 의 호황을 되살리고자 이 마을에서는 '막걸리 마을' 사업을 준비 중이라 한 다. 이와 연계하면 주막촌 복원 사업이 좀 더 수월해질 것이다. 특히 이곳은 2017년 경기문화재단이 '경기북부 마을 아카이브 프로젝트' 대상으로 선정 해 문화예술 분야 조사를 진행한 바 있으니 마을의 정체성을 살릴 전설의 복 원이 어렵지 않을 것이다.

제5장

고양 선유동

1. 선유동은 어떤 곳인가

고양 선유동 마을

　고양 선유동(仙遊洞)은 경기도 고양시 덕양구의 자연 마을로, 고양의 중심지였던 고양동에서 조금 떨어진 산촌이다. 조선시대에는 선유리라고 불렸으며, 요즘에는 선유랑 마을로 불리기도 한다. 북으로는 개명산, 남으로는 상산에 길

선유동입구 정류장(왼쪽), 진입로 이정표(가운데), '심월상조'가 새겨진 마을 표지판(오른쪽)

게 걸쳐 있다. 1번 국도를 이용하다가 39번 국도로 들어오면 마을 진입로로 연결되며, 대중교통의 경우 고양시 51번 마을버스를 타면 마을에 이른다. 버스는 1시간마다 운행되며, 선유동에 이르는 노선은 고양초등학교에서 시작해 선유동마을회관과 벽제묘지를 거쳐 고양동시장까지 이어진다. 마을 입구에 위치한 선유동입구 정류장에는 서울시와 고양시를 오가는 간선버스도 정거한다. 또 '강강술래'라는 큰 식당이 있으니, 이 장소들을 이정표로 잘 찾을 수 있다. 지하철을 탄다면 적어도 한 번은 버스로 환승해야 한다. 자동차를 이용할 경우 내비게이션에 '선유동'을 찍으면 마을로 접근하는 데 어려움이 없을 것이다.

2. 신선 전설과 조씨만림

이 마을은 고양의 옛 관헌이 있던 관산동·고양동에서 조금 떨어져 있다.

신선 전설의 발원지 선유동 마을 뒷산　조씨의 문중산이라 하여 조씨만림이라 불린다.

양주시 장흥면 일영리에 맞붙어 있는 요새 형상의 마을이다. 선유동 산골짜기에서 발원한 선유천(仙遊川)이 흐르는데, 이곳 산천에 신선이 내려와 놀며 목욕을 했다는 전설이 구전된다(정동일 고양시 문화재 전문위원). 신선이 놀았다는 곳은 바로 마을 뒷산인 '조씨만림'(조씨 문중산)이다(마을 주민 이씨). 그 외 관련 전설은 '옥동자 전설', '약수터 전설', '고려장 전설'이 있다.

　첫째, 옥동자 전설은 아주 옛날에 이 마을에 벼슬을 한 옥동자가 산세가 좋아 이곳에서 노닐었다는 이야기로, 지금도 산세가 깊은 마을 입구 골짜기를 '옥동골'이라 부른다. 둘째, 약수터 전설은 학식이 높은 선비가 이 마을에서 우연히 맑은 약수를 발견해 마셨다는 이야기다. 현재 마을 중간에 이 전설을 알리는 표석이 있다. 셋째, '고려장 전설'은 이 마을의 지세가 매우 깊어 그 옛날 주변 마을에서 가난에 허덕이던 자식들이 미어지는 가슴을 억누르

선유동으로 향하는 길 진입로를 따라 들어오면 갈랫길과 고개가 나온다.

선유동의 한 농원　초록으로 우거진 마을의 한 농원에 새 모양 연이 걸려 있다.

며 늙고 병든 부모를 이곳에 산 채로 버렸다는 이야기다. 이런 전설들은 고
립된 청정한 산촌에 신선이 강림해 유유자적하는 풍류를 보여줌과 동시에
고립된 마을이 품고 있는 신성성과 청정성, 후한 인심 등의 특징을 나타낸
다. 다만 왜 신선이 정착했는지, 하늘로 올라갔는지 등 서사의 구체성이 부
족하다.

3. 원시성 가득한 오싹한 서릿골

조선시대에 선유리로 불린 선유동은 고립된 산촌 공동체의 특성을 엿볼
수 있다는 점에서 무형유산으로서 가치가 돋보인다. 원시성, 청정성, 신비성
은 물론이고 단절성, 격리성, 은거성과 후덕한 인심이 드러난다. 마을 입구

선유동의 메타세쿼이아 숲 곱게 뻗은 메타세쿼이아 숲은 사시사철 마을의 정취를 더한다.

에 있는 제각(祭閣)이 명증하듯 옛날 창원 황씨 집성촌이었다고 한다. 이곳이 주변 지역보다 더 추워서 '서릿골'(서리 내리는 마을)이라 불리는 점도 선유동의 기후적·지리적 특성을 잘 설명해 준다. 전설 채록 과정에서 맑은 선유천을 앞에 두고 떡갈나무, 참나무 등이 엉켜 짙은 숲을 이룬 뒷산이 신선이 놀던 장소로 특정되어 전설의 배경임을 확인할 수 있었다.

　고려장 전설은 이곳이 무덤이 많은 곳이라는 점과 죄를 짓고 도망쳐 온 사람이라도 들어오면 품어주어 안온하게 살 수 있기에 사람들의 품이 큰 곳(마을 주민 이씨, 86세)임을 알게 해준다. 무덤의 경우는 1413년(조선 태종 13년) 고양현이 설치되고, 이어 1471년 고양군으로 승격된 이후 이 마을 인근에 왕족을 안장하는 일이 많아졌다. 다만 이 마을에 전해오는 '고려장'이라는 장례 풍습은 역사학계에서 아직 입증된 자료가 없다고 보므로, 단지 전설이나 설화로 인식된다.

선유동에 흐르는 선유천 투명한 선유천 물길이 선유동의 청정성을 보여준다.

마을 한편의 숲 선유동은 도심과 가까운 곳임에도 백로가 찾아와 놀다 갈 정도로 청정하다.

4. 자연성 유지가 관건

이 마을은 신선 전설의 원형을 더욱 구체적으로 탐구하고 청정한 마을 환경과 생태를 잘 보존해 전설과 마을 모습을 일치시켜야 한다. 전설의 진원지인 조씨 문중산에 상징물을 세우거나 디지털화 작업을 하여 전설 내용을 전수해야 한다. 마을 선유천에는 가재, 열목어 등 각종 생물이 살고 논밭에는 백로 떼가 노닌다. 선유천은 챌봉(521m) 남쪽 계곡에서 발원한 공릉천(恭陵川)의 지류로, 굽이쳐 흘러 파주 교하에서 한강과 만난다.

현재 이곳은 화훼농가가 들어서 있는데, 교통의 왕래가 뜸하고 인적의 왕래가 극히 적어 '개발제한구역(그린벨트)'으로서 보존이 비교적 잘되고 있다.

거리 5.7km / 약 1시간 25분

고양둘누리길

선유랑마을
골이 깊고 경치가 좋아 신선들이 노닐던 곳 예전에는 두루미가
많이 산다하여 선학동이라 불리웠던 선유랑마을이다.
특히 산세가 좋아 세종때 영의정을 지냈으며 "까마귀 검다하되
백로야 웃지마라" 라는 오로시(烏鷺詩)를 남기기도 한 이직선생의
묘가 있고 또한 마을 뒤 성황당 고개를 넘어가면 한양에서 중국으로
가는 사신들이 다녔던 옛사신길이 있다.

생태탐방과 트레킹 코스를 알리는 표지판

메타세쿼이아 숲(왼쪽), 아카시아 숲(가운데), 밤나무 숲(오른쪽) 곳곳에 보이는 숲이 선유동의 매력을 더한다.

어떤 대형 음식점 사장님이 지은 말쑥한 현대식 저택이 오히려 이 마을의 자연성을 훼손하고 있다. 도시화된 고양시 삼송동과 인접하므로 자연보호 대책도 강구해야 한다.

제6장
고양 강선마을

1. 강선마을은 어떤 곳인가

고양 강선 근린공원의 정경

　　고양 강선마을(降仙마을)은 현재 고양시 일산서구 주엽1동에 있다. 건너편
에는 문촌마을이 자리 잡았다. 서울 지하철 3호선을 타고 일산선을 거쳐 주엽
역 6, 7, 8번 출구로 나오면 아파트촌인 강선마을로 이어진다. 본래 강선마을

강선 근린공원에서 자태를 뽐내는 소나무

시야를 가득 채우는 아파트 숲

강선 근린공원의 유래를 설명한 표지판

강선 근린공원 표석
강선 근린공원의 표석은 자연부락이었던 옛
강선마을 터에 자리한다.

이 있던 장소는 지금의 '강선공원(강
선 근린공원)'인데, 현재는 이 기다란
공원을 옆에 두고 아파트촌이 좌우
로 펼쳐져 있다. 아파트촌은 강선 1~
15단지까지 있다. 6번 출구 쪽으로는
대형 백화점이 자리 잡았다. 8번 출
구 쪽으로는 주엽1동 행정복지센터
가 있다. 강선공원은 구역에 따라 강
재공원, 강선공원, 문화공원, 오거리
공원으로 구분되어 길게 이어진다.

서울에서는 지하철 3호선(주엽역)
또는 경의선(백마역)을 이용하거나,
승용차로는 신촌-수색-고양 행신동-
백석역-마두역-주엽역을 관통하는
도로와, 자유로(장항나들목) 등을 거

강선 근린공원의 산책로

강선 근린공원 입구   강선 근린공원의 입구에 핀 사과나무 꽃이 방문객을 반긴다.

처 도착할 수 있다. 강선마을 큰길(중앙로) 맞은편으로 주엽역을 지나 호수 공원이 있다. 신촌, 광화문, 서울역, 강남역, 김포공항 등에서 주엽역을 경유하는 간선·직행·광역 버스 노선이 많이 개설되어 있다. 대표적으로 707, 9701, 9707, 9714, M7106, 200, 1000, 1100, 1500, 3300, 9700, 8109 등이다.

2. 절경인 강재로 내려온 신선들

강선마을에 구전되는 지명 유래 전설은 "옛날 바닷가 언덕이었던 이곳의 풍광이 매우 아름다워 신선이 내려와 살았다"라는 이야기다. 그래서 이 마을은 조선 후기부터 '신선이 강림한 아름다운 마을'이라는 뜻에서 강선리라 불렸다. 이 전설 외에도 선녀가 내려와 노닐고 갔다는 부수적 전설도 전해온다

(고양시 문화재전문위원 정동일). 강선마을로 불리기 전에는 사람이 살지 않던 척박한 바닷가에 있던 해발 30m 정도의 고개 '강재'●가 마을 입구에 자리 잡고 있었다. 그 고개 밑까지 바닷물이 차고 배가 들어왔다고 한다.

강재는 소나무와 바위가 많아 절경을 이루었기에 신선들이 내려와 소나무 그늘 아래서 쉬며 경치도 보고 바둑도 두었다고 한다(정동일). 자연 마을이었던 강선마을은 일산신도시를 개발하면서 원형이 사라졌다. 그 대신 아파트 단지에 강선마을이라는 이름을 붙여 그 전통성을 유지했다. 결론적으로 이 신선 전설은 바닷가가 맞닿은 청정하고 아름다운 언덕에서 누린 마을 선조들의 풍요와 풍류를 상징한다.

3. 농경어로가 복합된 풍요로운 마을

강선마을의 전설은 마을 초입에 있던 언덕인 '강재'가 발원지로서 이곳이 풍류 생활의 중심지였다는 역사성과 지역적 정체성을 나타낸다. 강재는 풍광도 좋지만 마을의 경계가 시작되는 출발점, 즉 초입이자 주민들이 자연과 풍류를 즐기는 '소통 공간'이었다. 풍류는 생계가 여유로워야 마음껏 즐기거

●   '재'는 순우리말 또는 한자어로 길이 나 있어서 넘어 다닐 수 있는 높은 산의 고개나 높은 산의 마루를 뜻한다. 한자어일 경우 접미사 '재(岾)'로 쓰며, '령(嶺)'·'현(峴)'·'치(峙)'도 고개를 나타낸다. '岾'는 '땅 이름 점'으로도 흔히 쓰인다. 일반적으로 ① '령'은 가로로 비스듬한 지형에 있는 마차가 다니던 고개, ② '현'은 낮은 고개나 산중 고개에서 다른 산이 보이는 고개, ③ '치'는 현보다 가파르고 거친 고개 또는 산속의 절이 보일 정도의 높이에 있는 험한 고개, ④ '재'는 낮은 구릉으로 사람이 다니던 고개를 각각 지칭한다. 특히 표준국어대사전을 보면 '재'는 길이 나 있어서 사람이 넘어 다닐 수 있는 높은 산의 고개를 일컫는 명사이며, '령'은 재나 산마루의 이름이라는 뜻을 더하는 접미사라고 각각 정의해 그 쓰임새를 구분한다(조항범, 1994; 김하돈, 1999; 조승래·강영조, 2007).

나 누릴 수 있는 것이기에, 이곳이 살림살이가 넉넉한 마을이라는 점을 암시한다. 강선마을은 실제로 논밭이 많은 평지와 이어진 고개마을로, 한강과 인접한 곳에 위치하여 농경어로가 모두 가능해 풍요를 누렸다. 사라진 자연 마을은 과거에는 강선말, 하주, 상주, 줴비라고도 불렀다. 고양 지역 최대의 곡창지대였으며, 가을이 되면 풍성한 수확물이 온 마을에 가득했다고 한다(고양문화원 관계자). 아파트촌으로 개발되면서 1993년 5월 시 조례에 따라 마을 전체의 지형이 잎사귀 모양으로 생겼다 하여 '주엽동(注葉洞)'이라는 행정명을 붙였다.

4. 전설 원형과 발원지인 언덕을 되살려야

강선마을 터인 '강선공원'에는 공원 이름을 새긴 표지석과 신선 전설을 전하는 표지판만 설치되어 있다. 그 외에는 기록물이 없다. 아무런 보존 대책이 마련되지 않은 것이다. 그러니 강재를 떠올릴 수 있도록 공원을 재정비함으로써 신선 전설의 가치를 이어가도록 해야 한다. 특히 강재가 있던 터를 잘 고증해 그곳에 작은 언덕을 설치해야 한다. 1989년부터 도시화가 되면서 이 마을에는 지하철, 백화점, 상가, 아파트 단지가 들어섰다. 마을의 자연성은 완전히 소멸했다. 개발 과정에서 전설과 같은 무형유산의 원형이 보존되지 않았다. 이곳의 신설 전설과 그것을 뒷받침하는 강재의 풍광을 제대로 복원해 많은 사람들이 그 의미를 되살리며 이용할 수 있도록 해야 할 것이다.

제7장
군산 선유도리

1. 선유도리는 어떤 곳인가

군산 선유도리 내해   우뚝 솟은 망주봉이 보인다.

군산 선유도리(仙遊島里)는 흔히 '선유도'로 불린다. 전라북도 군산시 고군
산군도(古群山群島)의 유인도 16개와 무인도 47개 가운데 가장 아름다운 섬
으로 평가된다. 지금은 매립 사업으로 육지와 섬을 긴 다리로 연결해 사실상

선유도 망주봉

육지가 되었다. 바닷물과 공기가 맑고 일출과 저녁 노을이 아름답다. 오색 조명 장치를 덧붙인 선유도 해수욕장의 목제 덱(deck) 산책로는 환상적이어서 낭만을 더한다. 선유도리에는 해수욕장(선유도 해변, 몽돌 해변, 옥돌 해변, 벌구미 해변 등), 자연휴양림(신시도), 카페, 음식점, 상점, 낚시용품점, 여관, 민박집이 즐비해 숙박이나 당일치기 여행도 가능하다. 2022년 여름 도로 확포장 및 주차장 공사가 끝나 한결 편리해졌다. 선유도 해수욕장에서 선유스카이선라인이 운영하는 전망대에 오르면 높은 곳에서 섬을 조망할 수 있으며, 앞의 작은 섬과 연결된 집라인을 체험할 수 있다. 목제 덱 산책로도 집라인의 끝지점과 연결되어 있다. 바닷가를 따라 펼쳐진 갯벌에서는 갯벌 체험이 가능하다.

교통 정보를 살펴보자. 먼저 승용차로 7번 국도를 따라 군산 방향 또는 부안·김제 방향에서 진입해 새만금로를 달리면 신시도, 무녀도, 장자도를 거쳐 마침내 선유도에 도착한다. 버스로 갈 수도 있는데, 갈아타는 것이 조금

선유도 대봉에서 촬영한 고군산군도 망주봉 뒤로 크고 작은 섬들이 펼쳐져 있다.

선유도 해변의 야경   어스름이 내린 선유도 해변은 낭만성과 심미성이 더욱 돋보인다.

선유도 해변 산책로
오색조명으로 단장한 산책로가 은은하
게 빛을 밝히고 있다.

복잡하다. 먼저 군산 기차역에서 7번
또는 83번 버스를 타고 가다가 비응항
환승장에서 99번 버스로 갈아타고 달리
면 선유도에 닿는다. 소요 시간은 1시
간 30분~1시간 40분이다. 배로 가려면
군산시 소룡동에 있는 군산연안여객선
터미널(1666-0940)에서 여객선(한림해
운, 063-461-8000)이나, 유람선(063-445-
2240)을 이용하면 된다.

선유도는 해수욕장 때문에 피서를 즐
기는 여름 명소로 알려져 있지만, 새싹
이 트고 녹음이 점차 짙어지는 봄과 함
박눈이 내리는 겨울 경관이 매우 아름

답다. 선유도의 상징인 쌍둥이 봉우리 망주봉은 남악산 대봉 정상에 올라 조망하거나, 대장도 대장봉에서 바라보면 더욱 웅장하고 수려하다. 사진을 촬영할 때도 구도가 매우 좋다. 선유도로 드나드는 길에 길목인 군산을 둘러보는 것도 권할 만하다. 군산에는 근대화거리, 탁류길, 유명 빵집, 짬뽕거리 외에도 한석규·심은하 주연의 〈8월의 크리스마스〉(1998) 촬영지인 초원사진관 등을 둘러볼 수 있다.

2. 불로초와 신선의 수담 전설

선유도에는 신선의 수담 전설과 불로초 전설 등이 내려온다. 속세의 번잡함을 초월한 삶의 여유와 자연의 신비성을 상징하는 전설이다. '수담(手談)'이란 서로 상대하여 말이 없이도 의사가 통한다는 뜻으로, 바둑 두는 일을 뜻한다. 불로초는 먹으면 늙지 않고 장수한다는 풀로 선경에 존재한다고 한다. 중국 최초의 중앙 집권적 통일 제국인 진나라를 세운 시황제(始皇帝)에게 서복[徐福, 서불(徐市) 또는 서

일출과 일몰 속 선유도
노을이 지면 선유도의 정경은 더욱 수려해진다.

시(徐市)]은 어린 남녀 수천 명을 거느리고 멀리 동쪽에 가서 불로초를 캐오 겠다고 말했다. ● 전설에 따르면, 이후 서복은 연안 항로를 따라 출항하여 제 주도를 거쳐 일본으로 가는 길에 이곳 선유도에 들렀다. 당시엔 망망대해의 중심에 있는 무인도로 인식되었을 섬이다. 서복은 선유도를 보고는 "가히 신 선(仙)이 노닐(遊) 만한 곳이구나"라고 감탄했다고 한다. 선유도라는 지명이 이렇게 유래했다는 것이 불로초 전설의 내용이다.

선유도 중간에 우뚝 솟은 망주봉을 포함한 '고군산 선유팔경(仙遊八景)'은 이 전설의 발원지로 전해진다. 이 밖에도 망주봉에 관한 전설은 별도로 세 개나 전래한다. 이 망주봉은 암봉과 수봉 두 개 봉우리가 가파르게 치솟은 모습이다. 미끈하게 솟아오른 봉우리 한쌍의 암릉미가 이방인들의 첫인상 을 압도한다. 첫째는 호수처럼 잔잔한 내해를 낀 망주봉의 형태가 두 신선이 마주 앉아 바둑을 두면서 노니는 것처럼 보여 봉우리 이름이 유래했다는 전 설, 둘째는 젊은 부부가 천년왕국을 다스릴 임금님을 기다리다 그만 굳어져 바위산이 되고 말았다는 전설, 셋째는 억울하게 유배 온 충신이 임금을 그리 워하며 봉우리에 올라 낙조가 찬연한 북쪽(임금이 집무하는 궁궐 방향) 바다 를 바라보다 죽었다는 전설이다(선유도 주민).

이 전설의 서사에는 신선이 반할 만한 청정하고 수려한 섬에서 풍류를 즐 기고 절해고도에서 속세를 모두 잊고 유유자적하는 삶, 외롭고 고단한 고립 지의 삶, 유교 사회의 중심을 반영한 삶이 엿보인다. 젊은 부부가 천년왕국

● 시황제는 진시황으로 잘 알려져 있다. 강력한 부국강병책을 추진해 한·조·위·초·연·제 등 중국 대륙의 크고 작은 국가를 모두 통합한 그는 불로초를 찾으며 황제로서 불로장생을 꿈꾸었지만, 기원전 210년 다섯 번째로 순행 길에 나섰다가 사구(沙丘)에서 병을 얻어 겨우 50세에 객사하고 말았다. 신하인 서복은 불로초를 구하러 떠난 뒤 황실로 돌아오지 않는데, 일본에 정착해서 일 본 왕실의 시조가 되었다는 전설도 전한다.

임금님을 기다렸다는 전설은 『정감록』에 나온 범씨(范氏) 왕조 천년도래설 (향후 범씨가 세운 왕조가 나타나 천년을 통치한다는 예언)과 연관이 깊다. 이 모든 전설은 신선이 노닐 만큼 빼어난 섬 마을의 자연미와 신비성·통교성·고립성을 강조한다. 특히 선유도라는 절해고도에서 전하는 임금을 향한 한 결 같은 충성심은 옛 유배 문화의 전형이다.

3. 고려와 북송의 외교 무대, 군산정

선유도는 면적이 2.13km²로, 군산항에서 45km 떨어져 있다. 따라서 방조 제 공사로 다리가 놓이기 전이나 쾌속선이 도입되기 전에는 비홍항에서 느린 배로 4시간은 족히 걸렸다. 선유도는 신시도, 무녀도, 방축도, 말도 등으로 구성된 고군산군도의 중심을 이루는 섬이다. 진시황이 불로초를 구해오라 명해 항행한 경로라 여겨질 정도로 약초가 잘 자라 원시적이고 신비로운 분위기의 자연환경이 특별하다. 전설에 담긴 사신 체류설과 유배 문화의 흔적은 이곳이 내국인에게는 고립지이며, 외국인에게는 교류 경로라는 것을 설명해 준다. 중국 사신들이 쉬어가던 길목에 누각 '군산정(群山亭)'이 있었던 것을 감안하면 유유자적한 삶도 엿보인다.

군산정은 망주봉 두 개 봉우리 사이를 배경으로 서 있었다고 전해진다. 북송의 사신 서긍(徐兢)이 고려 인종 원년(1123년) 개경으로 국신사로서 왔던 경험담을 담은 『선화봉사고려도경(宣和奉使高麗圖經)』에 따르면, 군산정은 북송에서 파견한 외교사절을 맞이해 환영식을 열고 접대했던 곳이다. 당시 선유도는 '군산도'라고 불렸다. 군산정은 뜰 위 계단이 끝나는 높은 곳에 사방이 트인 형태로 서 있었음을 알 수 있다. 이 책에는 군산도 망주봉 일대에 자

고군산군도의 섬과 선유도의 문화유산 위치

리한 임금의 임시 거처 숭산행궁(崧山行宮), 사신을 맞이하던 영빈관 군산정 (群山亭), 바다 신에게 안전 조어와 풍어를 빌며 제사를 지내던 오룡묘(五龍 廟), 사찰인 자복사(資福寺), 손님이 묵는 객관, 관가 10여 칸, 민가 10여 채가 있었다고 적혀 있다. 서긍은 이 책에 송 사신을 위한 고려 신료들의 대규모 영접 행사와 주변 경관까지 자세히 묘사했다.

사학자 문경호(2015)에 따르면 당시 사신 환영에 관한 기록과 현재 위치 를 대조한 결과 서긍 일행은 무녀도와 선유도 사이 뱃골이 있는 지역으로 입 항한 후 고려에서 준비한 작은 배를 타고 군산정으로 이동해 영접 의식을 받 은 것으로 추정한다. 아울러 관아에 딸린 군산정의 위치는 망주봉 아래 남쪽 의 유물 산포지로, 오룡묘와 자복사는 서긍이 파악했던 위치와 달리 군산정 의 동쪽 산기슭에, 숭산행궁은 오룡묘 건너편 독립된 작은 산기슭의 유물 산 포지에 각각 존재했을 것으로 분석했다. 서긍이 위치를 잘못 잡았다고 한 이 유는, 그가 군산정 북쪽에 있었던 횡서(방축도)를 남쪽에 있다고 기록했기 때문이다(문경호, 2015). 군산대학교 박물관, 국립전주박물관, 전라문화유산

연구원은 이곳을 탐사해 사신 교류의 흔적으로 12~14세기 최상급 고려청자, 중국제 자기, 기와편 등 다양한 유물을 발굴했다(김세희, 2021).

4. 전설 원형 복원과 기록화 작업의 필요

선유도의 지명 전설은 현재 채록된 것보다 더 구체적인 내용을 확보해야 한다. 따라서 원형 발굴 작업에 적극 나서 복원 작업을 시작해야 한다. 현재 섬 내에서 전설을 구체적으로 기록해 전시하거나 디지털화해 후세에 알리는 작업은 진행되지 않고 있다. 군산시가 관광자원 홍보 차원에서 소개할 뿐이다. 문헌 기록에서 문화유산의 존재가 확인되지만 각각의 위치를 두고 학설이 분분하기에 지표조사를 통해 숭산행궁과 군산정, 자복사, 객관터가 구체적으로 어디 있었는지 확실히 규명해야 한다. 행궁이나 관의 이름이 적힌 명문 기와가 나오면 확실히 규명할 수 있지만, 현재까지는 배수로 터 정도만 발견된 상황이다.

문화재청이 2018년 2월 5일 '군산 선유도 망주봉 일원'을 국가지정 문화재 명승 제113호로 지정했기에 문화유산 보존과 전승 차원에서 이제 더욱 체계적인 접근이 가능할 것이다. 선유도에는 송의 사신을 영접하던 객사 숭산행궁, 정자인 군산정, 자복사 사찰 터를 아우른 '군산 선유도 고려유적'(전라북도 기념물 제135호)도 있다. 문화재 당국과 지자체는 사유지 매입을 마치고 정비계획에 맞춰 지표조사를 실시한다고 한다.

서긍은 『선화봉사고려도경』에서 망주봉에 바다 신에게 제사를 지내는 오룡묘(군산시 향토문화유산 제19호)가 있다고 적었는데, 선유도에 가면 망주봉 동쪽 기슭에 실제로 이 사당이 있다. 민간 제의인 오룡묘제, 장생제, 수신제

망주봉과 해안가   맑은 백사장 뒤로 소소리 높은 망주봉이 보인다.

도 전승된다. 선유도에는 서해 섬 지역의 독특한 장례 문화를 살펴볼 수 있는 초분공원도 있다. 초분(草墳)은 시신을 땅에 바로 묻지 않고 관을 땅 위에 올려놓은 뒤 이엉과 건초 등으로 덮어두었다가 1~3년 후 뼈를 골라 땅에 묻는 장례 풍습이다. 이 섬은 고려시대에는 여송 무역의 기항지, 조선시대에는 수군의 본부이자 정박 기지였다. 특히 이순신 장군이 명량해전 승리 후 선유도에서 11일간 머물며 전열을 재정비했다는 기록이 있다.

제8장
정읍 은선리

1. 은선리는 어떤 곳인가

은선마을 입구 은선마을이라 새긴 표석이 방문객을 맞이한다.

정읍 은선마을과 탑립마을은 전라북도 정읍시 영원면에 있는 자연 마을이다. 백제 고사부리군(古沙夫里郡)의 중심지였다고 한다. 천태산 자락의 탑립리와 응봉산 자락의 은선마을은 행정구역상 모두 은선리(隱仙里)에 속한다.

은선리의 탑립마을과 천태산 탑립마을의 천태산은 신선 전설의 발원지로 여겨진다.

그동안 신선마을보다 백제시대의 양식을 볼 수 있는 보물 '은선리 삼층석탑 (隱仙里三層石塔)'이 있는 곳으로 더 유명했다. 이 석탑은 높이가 6m이며 고려시대에 화강석으로 만들었다. 단층 받침돌 위에 몸돌과 지붕돌을 3층으로 올렸는데 부여의 탑과 같은 양식을 보인다. 현재 석탑이 서 있는 자리 주변에 절이 있었던 것으로 추정된다. 1963년 1월 21일 보물 제167호로 지정되었다. 서해안고속도로 부안나들목-30번 국도의 백산 로터리-29번 국도를 통해 마을로 진입하거나 줄포나들목-710번 지방도를 통해 마을에 닿을 수 있다. KTX 등 기차를 타고 올 경우 정읍역을 이용하면 편리하다.

응봉산에서 내려다본 은선마을

2. 신선 은거 전설

은선리의 지명은 "신선이 비경에 빠져 몰래 들어와 살았다"라는 전설에서 비롯되었다. 구체적으로 백제 부여의 삼산(三山)에 거처하는 신인(神人)이 도술을 부려 두승산으로 날아왔다가 경치가 빼어난 은선리 동쪽 천태산(해발 195.5m) 산자락에 숨어들어 마을 이름이 유래했다고 한다(서지학자 김기덕). 다른 하나는 현재 은선리 은선마을 뒷산인 응봉산(해발 229m) 신선대에 신선이 하늘에서 내려와 놀다가 승천하지 않고 마을에 아예 정착했다는 전설에 따라 마을 이름이 은선리가 되었다는 것이다(마을 주민). 세 쌍둥이 형상의 봉우리로 이루어진 동쪽의 천태산, 산림이 더 울창한 서쪽의 응봉산,

유선사에서 바라본 응봉산

은선마을 뒤편 응봉산 자락의 금사동 산성 표지판(왼쪽), 응봉산 송림(가운데), 은선제 입구 오솔길(오른쪽)

두 산자락에 있는 세 저수지(은선제, 탑립제, 석우제)의 원시적인 풍광이 전설과 어울린다고 주민들은 한결같이 이야기한다.

　태산과 응봉산의 모산(母山)이라 할 만한 두승산의 유선사(遊仙寺), 그 선력(仙力)과 조선 중기 문인인 허균(許筠)의 일화가 신선이 강림하며 출몰할 만큼 신성하고 신비로운 지세와 지역의 특성을 부각시킨다. 유선사는 신라 의상대사가 두승산 중턱에서 신선들이 놀고 있는 것을 보고 나무를 꽂으며 절을 지으라 하여 창건했다는 전설이 내려온다(한국관광공사, 2021). 허균은 정읍 고부에서 도사 남궁두(南宮斗)와 신선 권진인(權眞人)을 만나 선도 수련 과정을 전해 듣고 인근 부안(扶安)에 은거하며 『남궁선생전(南宮先生傳)』을 집필했다. 이 신선 전설은 천태산과 응봉산 등의 수려한 경치에 반해 도술을 부려 이동한 후 산에 은거한 신선의 행적을 보여주지만, 이들이 구축한 철학적 세계와 의식은 명확하게 남아 있지 않다.

정읍 은선마을 뒤편의 저수지 은선제   한 낚시객이 고기잡이에 골몰하고 있다.

은선제 정경   건너편 멀리 전신주 너머로 삼봉이 뚜렷한 천태산이 보인다.

두승산의 산야초　유선사로 향하는 산길 숲에 뱀딸기와 들꽃이 고개를 내밀고 있다.

　인근 정읍시 입암면 원천저수지 인근에도 '신선 선(仙)' 자가 들어간 '지선리(芝仙里)'가 있으나, 이 지명은 원래 신선 전설에서 유래한 지명이 아니다. 보통 볕에 말려 한약재로 많이 쓰는 지초(地椒: 백리향)가 마을 주변에 풍부해 붙인 이름이라고 한다. 물론 이 마을은 신선마을이라는 뜻의 '선동(仙洞)'으로도 불린다. 지선리에는 한 도사가 낚싯대를 드리우고 태평세월을 구가했다는 뜻에서 유래한 '어룡포(魚龍浦)'라는 마을도 있다. 집에서 기르던 소가 산에서 내려온 호랑이와 싸워 주인을 구하고 죽었다는 소의 무덤도 이 마을 우복치(牛福峙)에 있다고 한다.

3. 유불선 융합과 풍요 상징

　백제시대 작은 도읍지였던 은선리에 전하는 신선 전설에는 신성성과 유불선이 융합된 정신문화가 담겨 있다. 이 마을을 품은 기슭은 두승산 산자락으

유선사에서 내려다본 산자락과 정읍·김제 평야
왼쪽부터 멀리 응봉산과 천태산, 정읍·김제 평야가 보인다. 인삼밭이 인상적인 앞의 숲은 두승산 산줄기다.

로, 도가에서는 삼신산이라는 세 산에
불로불사(不老不死)의 선약이 존재한다
고 믿었는데, 은선리가 있는 두승산이
호남의 삼신산이라 불린다는 점에서
그 신비성과 청정성을 느낄 수 있다.

은선리의 신선 전설 발원지는 고려
시대 유적인 은선리 삼층석탑이 있는
'탑립리'와 그 건너편인 '은선마을'이다.
이곳은 넓은 평야 지대로 토질이 좋기
로 유명한데, 서해안의 포구인 줄포와
곰소가 가까이에 있는 것처럼 옛날에
는 이곳에도 서해의 바닷물이 들어와

삼층석탑 안내판
삼층석탑 옆에 서 있는 안내판은 정읍 은선
리 삼층석탑의 내력과 함께 이 탑이 보물
제167호임을 알려준다.

두승산 유선사   은선마을 뒤편 두승산 정상에는 유선사가 고즈넉하게 자리한다.

유선사 안내 표석

곡식은 물론이고 수산물까지 많이 나서 경제적 여유를 누렸다. 이런 여유 속에서 주민들은 풍성한 도교문화를 향유했다.

전라북도 정읍시 고부면 남복리 산 52번지 두승산 정상에 있는 유선사(遊仙寺)는 엄연히 조계종 산하 불교 사찰[제24교구 본사 선운사(禪雲寺)의 말사]이지만, 유선(遊仙)이라는 사찰명에 도교의 자취가 보여 불교와 도교의 융합적 유산임을 알 수 있다. 유선사로 올라가는 길은 숲이 우거져 매우 아름답다. 유

은선리 삼층석탑

유선사 종루(鐘樓)

유선사에서 촬영한 석우제

선사에 전래되는 "하늘과 바다에서 노닌다(遊天戲海)"라는 말처럼 유선사에 오르면 천태산과 응봉산 등 두승산에서 뻗어 내려간 산맥과 은선리 마을, 수량이 풍부한 저수지 석우제, 넓게 펼쳐진 평야를 훤히 내려다볼 수 있다. 마을과 인접한 김제 부량면 쪽으로는 동진강이 보이고 부안 줄포 쪽으로는 서해 바다가 펼쳐진다. 유선사 대웅전 앞에는 큰 범종이 있고 대웅전 뒤 동산에는 하늘에 천제(天祭)를 올리며 기우제를 지내던 칠성대(七星臺)가 있다.

유선사중수기적비

은선제에서 바라본 응봉산

4. 도읍터의 신성성 복원

은선리는 고인돌, 수혈식 고분 등 옛 유적이 많이 남아 있지만, 지명 유래 전설은 원형조차 제대로 보존되지 않았다. 전설이 기록된 표석도 없다. 답사 결과 전설의 발원지는 탑립리(천태산)와 은선마을(응봉산) 두 곳으로 혼재되어 정확하지 않다. 원형 발굴과 확립을 위해 좀 더 구체적인 조사가 절실하다. 아울러 신선이 숨어든 매력적인 환경에 걸맞게 경관을 재정비해 마을의 자연성을 대폭 강화해야 한다. 중국의 삼신산봉래산(蓬萊山), 영주산(瀛洲山), 방장산(方丈山)]에 빗대는 호남의 삼신산(부안 변산, 정읍 두승산, 고창 방장산) 가운데 하나인 두승산 산자락에 위치한 만큼 선지(仙地)다운 영험성을 되살려야 한다. 문화재인 삼층석탑을 품은 천태산은 현재 채석 작업으로 파헤쳐지고 있다. 문화재 보호 차원에서 채석 작업을 중단해야 한다.

제9장
하동 강선마을

1. 강선마을은 어떤 곳인가

하동 강선마을

　하동 강선마을(降仙마을)은 경상남도 하동군 적량면 고절리 산자락에 있는 마을이다. 이 마을 동쪽은 계재산을 중심에 자리 잡아 높은 산들이 병풍처럼 둘러서 있으며, 강선저수지 위로는 계재골이라는 계곡이 있다. 강선저수지는 농업용수를 공급하고자 계곡인 계재골의 풍부한 물을 기반으로 한

강선마을의 산세

자욱하게 내려앉은 물안개 저수지 아래 자리한 강선 마을은 어딘지 불안해 보인다.

강선마을 표지석과 도로 안내판

국농어촌공사 경남 지역 본부 하동·남해지사에서 1995년 착공해 1997년 1월 1일 준공했다. 이 저수지의 남쪽과 서쪽은 횡천강을 따라 농경지가 조성되어 있다.

하동역에서 택시를 이용할 경우 15분이면 강선마을에 도착한다. 지역에서 운용하는 농어촌 버스도 이용할 수 있으나 배차 간격이 길어 차를 놓치면 마을까지 가는 데 애를 먹는다. 승용차를 이용할 경우 내비게이션에 마을 이름보다 '강선저수지'를 찍고 가는 것이 길 찾기에 용이하다. 하동 섬진강의 맛 투어(제첩국), 문학투어(박경리의 '토지' 무대), 인근 화개장터의 풍물투어(전라남도 구례군, 광양시와 경상남도 하동군의 경계)를 곁들여 마을을 방문한다면 유익할 것이다.

2. 세 자매 선녀의 강림 전설

역사가 500년 이상 된 하동 강선마을은 두 가지 지명 유래 전설이 전해온다. 마을 인근 매봉산에서 세 자매가 선녀가 되어 내려와 목욕을 하다가 이

강선저수지 정경 　강선저수지는 계작골의 맑은 물을 수원 삼아 축조되었다.

마을의 아름다운 경치와 지세에 반해 그중 막내가 아예 눌러앉아 살았다 하여 '강선'이라 부른다는 전설과 옛날 한 도인이 나타나 경치가 아름다운 폭포 아래에서 도를 닦은 뒤 신선이 되어 하늘로 올라갔다가 다시 내려왔다는 전설이 있다(면사무소 박혜인, 주민 최선자). 특히 선녀 전설은 주민들에게 마을 역사의 신성성을 강조하는 증거로 인식된다. 세 자매 가운데 맏선녀는 웃녀추리인 현재의 안성마을[옛 이름 '상여(上汝)']에, 둘째는 아랫녀추리인 현재의 난정마을[옛 이름 '하여(下汝)']에 정착했다고 한다.

　그 외 전설로는 탕근바위 이야기와 폭포에서 자살한 여인 설화가 있다. 탕근바위는 신선이 내려와 목욕을 했다는 소(沼)에 있던 큰 바위로, 원래 마을 북쪽 산 계곡의 폭포 밑에 있었다고 한다. 선녀 전설의 실재성을 뒷받침하는 흔적이다. 이 이야기의 주인공은 100여 년 전 먼 곳에서 이 마을로 시집온 한 여인이다. 막상 시집을 와서 보니 시댁은 끼니를 잇지 못할 정도로 가난했다. 도무지 살 수 없었던 여인은 친정으로 가마를 타고 돌아가려 했다.

강선저수지(왼쪽), 저수지 아래 마을(가운데), 계재산으로 난 길(오른쪽)

그러나 유교 사회였던 당시의 법도로는 마음대로 친정으로 돌아갈 수도 없었다. 딸은 혼인 직후부터 출가외인이라 하여 가족이 아니라 남이나 마찬가지로 생각했으므로, 무슨 일이 있어도 시댁에 뼈를 묻어야 했다. 조선시대에 특히 심했던 이러한 인식 때문에 그 여인은 이러지도 저리지도 못하는 딜레마에 빠졌다.

결국 가마를 타고 친정으로 가려던 여인은 안타깝게도 계재산 게작골을 넘기 전 수심이 깊은 소에 스스로 몸을 던져버린다. 지금도 폭포수 옆에 가마가 쉬어가던 가마터가 있다. 마을 주민 최선자 씨는 "선녀 전설과 여인 이야기의 흔적인 그 소의 물을 모아 현재의 강선저수지를 만들었고, 저수지 공사 때 탕근바위는 일부가 깨진 채로 물에 잠겼다"라고 말했다.

강선마을 중앙에 세운 문화 유씨 제각

3. 저수지 이전 고려, 계곡 살려야

이러한 전설은 수려한 산세를 자랑하는 마을의 신비성, 청정성, 신성성을 나타낸다. 특히 깊은 계곡의 못에 세 자매 선녀가 내려와 놀다가 정착한 이야기나 신선이 승천한 유래담에는 마을 형성 내력의 신성성을, 폭포에 투신한 여인 전설에서는 고립된 곤궁한 산촌의 가난과 일제강점기 및 한국전쟁의 폐허를 딛고 지금의 풍요를 이룬 강선마을 주민들의 공동체 정신을 엿볼 수 있다.

전설의 원형을 복원하고 전설의 발원지인 가마터, 폭포, 소, 탕근바위의 옛 모습으로 되살려 80만 평이나 되는 마을의 전통과 역사성을 바로 세워야 한다. 마을 위쪽에 축조해 누가 봐도 불안한 형상인 강선저수지를 마을 아래로 옮기고 폭포와 소의 자연성을 복구해야 한다. 강선저수지는 깊이가 70m

가계 소득에 일조하는 홍매실과 청매실   탐스러운 과실들이 빗방울과 어울려 더욱 싱싱함을 자아낸다.

강선마을의 밤나무와 감나무

나 된다. 강선저수지의 제방 길이는 274m, 높이는 39.2m이고, 총저수량은 90만 3020톤이다. 저수지 유역의 면적은 1.85km², 만수면적은 6만 8000km²이다.

이 마을은 고절촌(高節村), 유가촌(柳家村), 강선촌(降仙村) 등으로 불리다가 1914년 제1차 행정구역 통폐합 당시 '강선마을(강선동)'으로 바뀌었다. 약 500년 이전부터 문화유씨(文禾 柳氏)들이 집성촌을 이루어 살았다. 과거에는 소출거리가 마땅치 않은 가난한 산촌에 불과했지만 금굴에서 황금을 채굴하고, 1997년에 쌓은 저수지의 물을 이용해 논농사를 짓고, 청매실·홍매실·감나무·밤나무·대추나무 등을 재배해 현재의 풍요를 이루었다.

강선마을 입구의 팔각정(왼쪽)과 가로등(오른쪽)

4. 이순신 장군의 행차길

　특히 '계재골' 또는 '계작골'이라 불리는 계재산 고갯길은 전설에 담긴 신비
성뿐만이 아니라 역사성을 간직한 옛길로 복원 가치가 크다. 옛날 이 길은
전라도에서 경상도 진주로 가는 주요 길목으로, 공무를 보거나 과거를 보러
갈 때 이용했다. 이순신 장군이 전라좌수영에서 진주로 가는 길에 넘어왔던
경로이기도 하다(이장 유재생). 강선마을에서 이 고개를 넘으면 성천리 남성
마을이 나온다. 이장 유재생 씨에 따르면 계작골이라는 이름은 섬진강에서
알을 낳은 참게들이 이 계곡까지 올라와 번식을 하며 살았기 때문에 게가 매
우 풍성했으므로 '게가 생겨나는(作) 고을'이라 하여 붙여졌다고 한다. 저수
지를 아래로 옮기고, 상류의 발원지인 계곡의 자연 생태계를 예전처럼 되살
린다면 마을의 생태성이 더욱 돋보일 것이다.

제10장
광양 선유리

1. 선유리는 어떤 곳인가

광양 선유리의 마을회관 마을회관은 동네 어르신들을 위해 경로당으로 사용된다.

광양 선유리(仙柳里)는 전라남도 광양시 옥곡면 서쪽에 있는 산촌 마을이다. 국사봉(해발 531.8m)에서 뻗어 내려온 산자락을 타고 자리한 상선(上仙), 중선(中仙), 하선(下仙)이라는 작은 세 촌락이 선유리를 구성한다. 상선은 맨

위에, 중선은 중턱에, 하선은 맨 아래에 있다. 굽이굽이 흐른 계곡물은 마을 앞 옥곡천으로 흘러들어 간다. 경전선 철길, 남해고속도로, 58번 국도가 교량을 통해 마을 앞을 지나가므로, 이 교량이 마을을 가려 답답한 느낌을 준다.

KTX를 이용할 경우에는 서울(서울역, 용산역)-순천역 노선을 예약하고, 일반 열차를 이용할 경우에는 경전선 광양역에 하차하면 된다. 남해고속도로를 이용한다면 동광양나들목을 이용하면 편리하다. 서울에서 승용차를 이용하거나 고속버스(서울 강남고속터미널 호남선)로 내려가 택시(광양시내에서 탑승)를 이용하면 마을 답사가 가능하다. 광양터미널에서 선유리까지는 거리가 꽤 멀기 때문에 교통 대책을 잘 세워야 한다.

선유마을 표지석과 버스 정류장

2. 신선이 버들피리 불며 노닐던 마을

선유리는 '신선 선(仙)', '버들 유(柳)' 자를 쓴다. 지명이 암시하듯 이 마을에는 신선이 한들거리는 버드나무를 벗 삼아 피리를 불며 노닐었다는 전설이 전해진다. 신선은 불사의 영험한 존재이고, 버들은 물가 어디서나 잘 자라는 나무로 강인한 생명력을 상징한다. 이 마을 중간 지점인 중선(中仙) 선

초봄을 맞은 선유리 숲

적골(仙迪골)에는 신선이 피리를 부는 형상이라는 '선인취적혈(仙人吹迪穴)'
이 있다고 전해져 전설의 실재성을 뒷받침한다. 첩첩으로 쌓인 산이 마을을
감싸며 비경을 이루고, 두 개 냇물이 만나 마을 앞을 흐른다. 이 마을은 옛
날 가루를 치거나 액체를 거르는 데 쓰는 기구인 체를 만들었던 곳이라 하여
'체 사(篩)' 자를 써서 '사점촌(篩店村)'으로도 불렸다(양재생, 2021.12.23). 구
역별로는 상선, 중선, 하선으로 불리다가 1914년에 상선리, 하선리, 오류리
를 통합할 당시 상선(上仙)과 오류(五柳)에서 한 자씩 두 자(仙과 柳)를 따서
선유리라 정했다고 한다(옥곡면 사무소). 즉, 선인취적혈이 있는 명당 자리는
중선이라 했고, 그 위는 상선, 그 아래는 하선으로 불리다가 통합되어 선유
리로 불린 것이다.
　'혈(穴)'은 내부의 생기가 모이는 곳으로 양택(陽宅: 살아 있는 사람의 집터)
이면 주 건물이 들어설 적지, 음택(陰宅: 죽은 후의 분묘 터)이면 시신을 매장

선유리에서 가장 높은 곳에 위치한 상선 마을

하기에 적지다. 즉 혈은 풍수지리에서 용맥(龍脈)의 정기가 모인 자리를 뜻하는데, 선인취적혈은 혈이 속한 산수의 물형(物形) 분류 가운데 하나다(고제희, 2008). 풍수학에서 신선이 피리를 부는 형상은 발복(發福) 터로 해석하

선유리의 대나무 숲

는데, 광주광역시에 있는 도가풍수연구원 이도구 원장(73세)은 필자의 문의
에 "이런 지형이나 터에서는 도지사, 장관, 국회의원급 이상의 인물이 나오
고 물산이 매우 풍요해 경제적으로도 윤택하다"라고 풀이했다. 이곳이 마을
비경에 취해 신선이 피리 불기와 놀이를 하듯 발복, 즉 복이 나는 기운이 강
한 길지(吉地)라는 것이다. 이곳 조상들이 대대로 갈구하던 자손 번성과 풍
요의 마음이 풍수 사상에 그대로 녹아 있다고 볼 수 있다.

3. 선인취적혈이라는 길지

이름의 유래가 된 신선 전설은 비경은 물론이고 명당(明堂)이나 길지(吉
地)로서의 형세를 강조한다. 후손에게 장차 좋은 일이 많이 생길 터라는 의
미도 담겨 있다. 신선 전설은 땅의 기운과 형세가 인간의 삶인 길흉화복에
영향을 미친다는 풍수 사상과 결합된 것이다. 풍수 사상 또는 풍수지리는 음
양오행론을 바탕으로 바람과 물의 순환 이치인 '천(天)', 땅의 형성 과정과 지

선유리의 지세 선유리를 중심으로 여러 산이 주변을 감싸고 있다.

질적 여건인 '지(地)'를 연구해 사람과(科) 생물인 '인(人)'이 자연 속에서 좀
더 건강하고 안락하게 살아갈 터를 구하는 동양의 지리관이며 경험과학적
학문이다. 즉 풍수 사상은 신라 말 도선에 의해 전래된 민간 사상으로, 이런
생각의 공유는 예부터 전통적인 마을이 지닌 특징 중 하나였다.

김홍도의 〈선인취적〉

지본담채, 56.1cm×31.8cm, 국립중앙박물관 소장. 조선 후기 단원(檀園) 김홍도(金弘道, 1745~?)가 그린 〈선인취적(仙人吹迪)〉 그림으로, 신선이 피리를 불고 있다.

선인취적혈의 풍수 형상

선인취적혈은 지세를 혈(穴)이 속한 산수(山水)의 물형(物形) 모양으로 나눈 분류 가운데, 우리나라에서는 흔치 않은 사람혈(人穴)에 해당하는 풍수다.[●] 피리의 구멍마다 혈이 맺혔는지가 이 혈을 판별하는 주요 요소다. 드물게 경상남도 사천 송비산(松飛山), 함안 칠서면 칠원 윤씨 중시조묘, 대

● 인혈(人穴)에는 신선혈(神仙穴), 장군혈(將軍穴), 옥녀혈(玉女穴), 어부혈(漁夫穴)이 있다. 그 가운데 신선혈은 선인취적혈을 비롯해 선인단좌혈(仙人端坐穴), 오선위기혈(五仙圍碁穴), 천선하강혈(天仙下降穴), 선인무수혈(仙人舞袖穴), 선인독서혈(仙人讀書穴), 운중선좌혈(雲中仙坐穴), 노선기우혈(老仙騎牛穴), 선인탄금혈(仙人彈琴穴), 선인취와혈(仙人醉臥穴), 선인관기혈(仙人觀碁穴) 등이 있다(문무선사, 2006; 조남선, 2010; 덕원, 2014; 박태국, 2018).

선유리로 향하는 굴다리 밑   도로가 마을 입구를 막아, 터널을 뚫어 통로를 만들었다.

구광역시 달성군 구지면 징리 현풍 곽씨 선영 등이 이 혈에 속한다. 풍수지리에서 선인취적혈의 특성은 복을 많이 받고 소출이 많다는 것이다. 선유리는 산세가 수려하고, 봄이면 매화향이 그득하다. 밤, 매실, 돌배, 단감 등 산지를 이용한 다양한 작물 재배로 살림이 풍요로워 선인취적혈의 기운을 한껏 발휘하는 셈이다.

4. 스토리텔링을 위한 과제

신선마을답게 마을의 전설을 더욱 구체화하여 원형을 확립하고 이를 선인취적혈의 지세와 어울리게 재현할 필요가 있다. 그 지세가 무엇을 의미하는지 정확하게 스토리텔링을 해야 한다. 마을 안쪽에 위치한 200년쯤 된 소나무와도 스토리가 연계되는지 확인해야 한다. 마을에 있는 조선시대 가마터를 잘 보존하고, 마을 입구와 계곡에는 전설과 어울리는 버드나무를 많이 심어 왕성한 생명력이 돋보이는 길지로서의 옛 모습을 되살려야 한다. 현재 마을 주변 산에는 1968년 정부의 조림 사업 영향으로 밤나무가 즐비하다. 가을이면 잎이 떨어져 산을 황량하게 만드는 밤나무 대신 소나무와 같은 상록수를 많이 심어 숲을 울창하게 만들어야 한다. 마을의 가치를 고려하지 않고 철길과 고속도로(남해고속도로 순천~부산선)로 막아버린 마을 앞 풍광도 개선할 필요가 있다.

2부

신선마을의
가치와 전승

제11장
신선 전설의 내용과 원형 보존 실태

　신선 전설은 매우 소중한 구전전통 무형문화 유산이자 지역사회에 대대로 전래 및 창작·가미되는 흥미진진한 엔터테인먼트 스토리다. 신선 전설은 신비성과 흥미성은 물론이고 영험성, 신비성, 주술성, 마력성, 몰입성, 초인성, 영웅성, 초자연성이 돋보이기에 어린이에서 어른까지 누구나 좋아하는 우리 곁의 친숙한 엔터테인먼트 콘텐츠다. 이런 전설은 서사(행동, 시간, 의미가 갖춰진 진술이나 이야기)로서 독이성과 이해도도 매우 높은 편이다. 무엇보다도 전설의 배경이 된 특정 지역의 정체성과 역사성을 바탕으로 하는 구전전통이므로, 발굴·보전·전승해야 할 문화유산이라는 점을 간과해서는 안 된다.

　신선 전설은 마을, 산, 들, 계곡, 언덕, 고개, 강, 호수 등 육지뿐만 아니라 해양문화로도 확산되어 삼신산이나 불로초 같은 소재가 담겨 전래된다(정용수, 2010). 이를 많은 이들이 향유하고 보존·전수하려면 원형 스토리를 제대로 발굴하여 보완 작업에 정성을 다해야 한다. 채록·복원·검증·보완 과정에서 육하원칙(5W1H)과 기승전결의 구성은 물론이고 발단·전개·위기·절정·결말이라는 극적 구성 요소도 잘 갖췄는지 따져봐야 한다.

　이런 전제를 기본 원칙으로 삼아 필자는 그간 전국의 신선마을 후보지를 면밀히 살펴보았다. 그리고 기초 조사 이후 민속지학 연구에 의거하여 현지 답사를 통해 적합한 것으로 최종 판단된 전국의 10개 마을을 조사·분석했다. 연구 대상은 국토교통부 산하 국토정보지리원의 지명 검색 코너와 전국 대지도를 대상으로 한국의 자연 마을들을 전수 분석해 추렸다. 첫째, 마을 이름에 신선을 뜻하는 한자어로 '선(仙)'이 포함된 곳, 둘째, 마을 이름의 유래가 '신선 전설'인 곳, 이 두 가지 조건을 모두 충족하는 마을을 살펴봤더니 딱 10개 마을로 나타났다.

결론적으로 지명의 직접적인 유래가 된 전국 10개 마을의 전설은 검토 결과, 전체적으로는 서사구조의 기본 요소를 갖춘 것이 많았지만, 개별적으로 보면 구전 전래 과정에서 누락·생략된 요소가 많아 서사적 완결성이 뚜렷한 경우는 드물었다. 각 마을의 신선 전설 내용을 면밀히 분석해 보면, 스토리의 중심인 신선들은 고립된 오지나 벽지의 선경에 도취되거나 감탄해 그곳에 아예 머물거나, 높은 봉우리에서 바둑을 두는 등 놀음을 하다가 승천한 사례가 많아 신비성과 흥미성을 충족했다. 강림·이동·은거·도술·소멸·출현·승천 등 그들의 움직임은 신선을 영어로 '이적(異跡)을 지닌 도교 은자(Taoist hermit with miraculous powers)'라고 풀이하듯 초인적인 모습 그대로였다.

마을에서 채록된 신선 전설들은 철학적으로는 가난, 고립, 자연재해 혹은 외부의 위협이나 내부의 위기 등 각종 어려움을 이겨내고 안녕과 풍요를 바라는 주민들의 협업 정신, 삶의 터전에서 함께 소통하며 튼실하게 가꾸려는 공동체 정신, 신비하고 청정한 자연과 어우러져 초탈한 삶을 즐기려는 도교 사상이 깃들어 문화유산으로서 가치가 높았다. 신선 전설은 자연 순응과 불노불사를 기초로 지역 신앙과 민속·전통 등이 결합되어 하늘에 주인이 있다고 믿는 민간신앙이자 국가·사회 공동체 유지의 틀로 기능해 왔던 '도교'를

표 1 원형 서사(Prototypical Narrative)의 네 가지 구성 요소

구분	정의
상황(Situatedness)	이야기가 전개되는 맥락이나 증거가 되는 사물 등 주변 환경
사건 순서(Event sequencing)	추론을 가능하게 하는 특정 사건의 시간적 진행 구조
세계의 구축과 해체 (World making or world disruption)	사건의 주체가 구축하거나 해체한 실재 또는 공상의 세계
주제(What it's like)	이야기 구조나 스토리 세계에서 획득하는 경험적 지식

자료: Herman(2009) 재구성.

기반으로 한다. 문화유산의 전승이라는 관점에서 마을마다 전설을 뒷받침
하는 산, 계곡, 연못, 바위 등 대상물이 실존해 원형 복원이 어렵지 않아 보였
다. 그러나 일부는 도시화로 그 흔적이 사라졌고 추가로 훼손 가능성이 높아
원형 복원과 보존 대책이 긴요한 것으로 나타났다.

먼저, 구전전통에 속하는 각 마을의 신선 전설의 서사적 완결성을 파악하
기 위해 분석 모델을 상황(situatedness), 사건 순서(event sequencing), 세계
의 구축과 해체(world making or world disruption), 주제(what it's like)라는
네 가지 요소로 나눈 뒤 판별했다. 이것은 데이비드 헤르만(David Herman)
이 제시한 '원형서사(prototypical narrative)의 네 가지 구성 요소'를 원용한 것
이다(Herman, 2009). 전설은 엄연히 서사의 한 종류로서, 이 책의 연구에 헤
르만의 개념적 정의와 분류를 적용하는 것이 적절하고 타당하다고 판단했다.
여기에서 '상황'은 이야기가 전개되는 맥락이나 증거가 되는 사물 등 주변 환
경, '사건 순서'는 추론을 가능하게 하는 특정 사건의 시간적 진행 구조, '세계
의 구축과 해체'는 사건의 주체가 구축 또는 해체한 실재 또는 공상의 세계,
'주제'는 전설 속에서 획득하는 경험적 지식을 각각 의미한다.

분석 결과 전체적으로 수집된 신설 전설들은 전설의 한계이자 근원적 특
성에 부합하듯 스토리의 기승전결, 인과관계 등의 요소까지 구체적이지는

못했다. 고양 선유동, 고양 강선마을, 파주 선유리, 양양 강선리, 하동 강선마을, 광양 선유리 등 여섯 사례는 서사의 완결성을 비교적 잘 갖췄으나, 나머지 네 마을의 전설은 몇 요소가 누락 또는 생략된 채 전수되어 온 것으로 나타났다. 신선은 '신' 또는 '인간'인 경우가 있는데, 이번 조사에서 10개 마을의 핵심 전설 가운데 주인공이 실존 인물인 경우는 한 건(양양 강선리 전설)에 불과했다. 반면 불특정의 신적 존재가 주인공인 경우가 아홉 건이었다. 전설의 구전자이자 계승자인 원주민들이 대부분 신선을 인간보다는 특별하고 신묘한 능력을 지닌, 선력과 도술이 뛰어난 신적 존재로 그려가면서 이상 세계를 염원하고 신선마을들의 정체성을 더욱 영험하고 신성하게 구축하려 한 것으로 해석되었다.

신선 전설은 각 마을 나름의 전통, 역사, 정신문화를 비교적 충실하게 담은 것으로 분석되어 문화유산으로서 보존 가치가 높았다. 채록된 스토리마다 신선이 하늘에서 내려와 머물거나 머물다 승천한 이야기를 통해 속세와 거리를 둔 산세의 신비성, 청정성, 고립성을 강조하고 있음이 확인되었기 때문이다. 아울러 신선이 내려오는 '승지(勝地)', '길지(吉地)', '성지(聖地)', '영지(靈地)', '발복(發福)', '명당(明堂)'과 같은 풍수 이론의 요소를 통해 풍요를 갈망하는 주민들의 공동체 정신과 무위자연(無爲自然)의 철학, 즉 사심과 물욕을 버리고 자연의 이치와 힘을 거스르지 않은 채 순응하는 주민들의 의식 세계를 드러냈다.

신선마을을 직접 탐사했더니 주변 곳곳에 신선 스토리를 뒷받침하는 산·계곡·연못·바위·지세 등 대상물이 실존해 전설 원형은 물론이고, 그것과 어울리는 기념 공간의 재현이나 복원이 필요한 것으로 나타났다. 전설 내용을 기록해 게시한 마을은 경기도 고양시 강선마을 한 곳에 불과했다. 따라서 대상 지역의 전면적인 보존과 전수 대책이 절실해 보였다. 조사 대상 가운데 고양 선유동, 양양 강선리, 인제 강선마을, 정읍 은선리, 군산 선유리, 하동 강선마을, 광양 선유리의 경우 보유 전설과 부합하는 마을의 원형이 대체로 살아 있어 자연성과 고유성을 살리기에 양호한 상태였다. 서울 선유도, 고양 강선마을, 파주 선유리는 개발과 도시화로 전통적인 모습이 훼손되어 마을의 역사성이 사라지고 그 마을의 정체성을 규정하는 전설도 명맥이 끊기고 있음을 확인했다.

문화재 당국의 세심한 전수·복원 노력이 필요하다는 것을 실감했다. 이와 같은 관점에서 이 연구는 우리나라에 실존하는 신선마을 지명의 유래가 된 신선 전설을 모두 수집·탐구해 무형유산으로서의 가치와 원형 보존 대책을 촉구하는 계기를 마련했기에 소기의 목적을 달성했다고 판단한다. 연구 대상인 신선마을은 몇 곳을 제외하면 모두 산협의 오지에 분포했다. 그래서 필자는 오랜 시간 걷고 높은 산을 오르고 낯선 골짜기를 헤집고서 마을에 도착해 답사하고 채록하느라 어려움을 겪었지만, 그런 난관을 이겨낸 결과물이기에 보람 또한 크게 느꼈다. 전통 마을의 전설을 문화유산으로 인식해 원형 복원과 보존을 위해 연구하는 일은 아무리 강조해도 지나침이 없다. 유네스코에서 전설과 같은 구전전통을 인류가 지키고 보존하고 전승해야 할 문화유산으로 규정해 발굴을 강조하는 이상, 문화재 당국은 물론이고 관련 단체·연구자에 의한 심층 연구와 학술 조사가 앞으로도 더 나와야 할 것 같다.

제12장
엔터테인먼트 콘텐츠로
다룬 신선 이야기

　신선 이야기는 기본적으로 흥미성, 신비성, 영험성, 초인성, 몰입성을 내포하므로 엔터테인먼트 콘텐츠로 많이 다뤄지며, 동화, 소설, 만화, 영화에 이르기까지 그 장르가 다양하다. 신선이 등장하는 짧은 이야기 가운데 '금도끼 은도끼' 이야기는 어린이들이나 어린 시절의 추억을 간직한 어른들에게도 가장 친숙한 신선 이야기 가운데 하나다. 착한 인성을 기르도록 교육하는 학습용 동화나 만화책은 물론이고 만화영화와 뮤지컬로도 선보였기에 접할 기회가 많았다. 우리나라에서 이 이야기는 전라북도 진안군 마령면 덕천리에서 전해 내려온다. 2003년 10월 15일 황인덕이 마을 주민 백옥순 할머니에게서 채록해 지역 민담집에 수록했다(황인덕, 2003).

　구전된 이야기는 다음과 같다. 산에서 나무꾼이 그만 실수로 도끼를 연못에 빠뜨려 도끼를 건질 방법이 없었다. 실망하여 낙심하던 차에 신령님이 나타나서 "이 금도끼가 네 도끼냐?" 묻자 나무꾼은 "아닙니다"라고 답했다. 다시 신령님이 "이 은도끼가 네 도끼냐?" 묻자 나무꾼이 다시 "아닙니다. 제 도끼는 쇠도끼입니다"라고 말하니 신령님은 "마음씨가 착하고 정직하며 옳다"며 도끼 세 개를 모두 나무꾼에게 주었다는 내용이다. 인성을 꿰뚫어 보는 인간의 스승이자 선한 사람에게 상을 내리는 신선의 모습을 보여준다. 하지만 이 이야기는 본래 고대 그리스의 전래동화다. 원형 스토리에 등장한 초인(超人)은 산신령이 아닌 '헤르메스(Hermes)'이고, 연못이 아닌 강가에서 도끼를 빠뜨린 강직한 나무꾼에게 '의로움'에 대한 보상으로 모든 도끼를 선물했다는 내용이다. 헤르메스는 그리스 신화의 올림푸스 12주신(主神)● 가운데 하나인 전령의 신, 여행의 신, 상업의 신, 도둑의 신이며, 지상과 지하, 신계와 인간계를 자유자재로 넘나드는 신묘한 능력을 지녔다.

이 이야기는 일제강점기에 소개되어 토착화되었다. 1906년과 1907년 대한교육회가 발간한 『초등 소학』(권7, 제28)의 '도끼' 편을 보면 산신령 대신 노인이 등장하며 마지막에 그가 임금이었다는 서사로 마무리된다. 헤르메스가 노인, 임금, 산신령으로 바뀌면서 구전된 것이다. 헤르메스보다는 동양적인 관점에서 초능력과 인덕을 갖춘 존재인 신선을 차용했을 가능성이 높다. 결국 전라북도 진안에 전래하는 이야기는 금도끼와 은도끼의 '한국 버전'인 것이다. 2018년에는 가족 뮤지컬 극단 레미가 〈가족 뮤지컬: 전래동화 금도끼 은도끼〉를 선보였다. 일본 만화 〈도라에몽〉에도 '금도끼 은도끼' 편이 있다.

영화 부문에서는 그간 신선을 소재나 모티브 삼아 여러 작품을 선보였지만, 선선을 주연이 아닌 조연으로 등장시키거나 도술 혹은 단약 제조 등 신선의 초능력만을 선택적으로 캐릭터에 차용하는 경우가 많아 신선의 전형성을 인식하기에는 부족함이 많았다. 우리나라 영화 〈전우치〉(2009)에 등장하는 신선은 주연이 아닌 부수적 인물이다. 게다가 캐릭터도 코믹한 요소가

● 올림포스산 정상의 신들의 처소에 머물며 전쟁, 왕위계승, 국가의 흥망과 같은 중요한 일들을 결정하고 결혼, 농사, 연회 등 인간 삶에 모두 관여한다고 전해지는 12명의 신으로 보통 제우스(Zeus), 헤라(Hera), 포세이돈(Poseidon), 데메테르(Demeter), 아테나(Athena), 아레스(Ares), 아폴론(Apollon), 아르테미스(Artemis), 아프로디테(Aphrodite), 헤르메스(Hermes), 헤파이스토스(Hephaistos), 디오니소스(Dionysos)를 지칭한다. 이들을 12신이라는 의미의 '도데카테온(Dodekatheon)'이라 부른다.

강해 신선 본연의 영험성을 나타내기에는 부족함이 많았다. 표훈대덕 등 세 명의 신선이 등장해 어둠으로 세상을 점령한 요괴의 마성을 잠재우는 피리인 만파식적을 찾는 데만 골몰하는 모습으로 그려졌다. 아울러 세 신선이 현실 세계에서 각각 무속인, 신부님, 스님으로 살아가는 것으로 설정했기 때문에 신성성이 떨어지고 익살스럽기만 하다.

영화 〈외계+인: 1부〉(2022)에도 부수적이고 장난스러운 캐릭터로 그려진 신선이 등장한다. 바로 630년 전 고려를 배경으로 서울 삼각산 신선에 설정된 '흑설'(염정아)과 '청운'(조우진)이 그들이다. 이들은 모두 비녀를 꽂고 얼굴에는 코부터 눈썹 위까지 곡선처럼 이어진 다섯 개의 점이 있다. 흑설과 청운은 친구에게 신검을 물려받기로 했다가 그 친구가 신검을 노린 자에게 제거당하자 많은 현상금이 걸린 신검 쟁탈전에 동참한다. 흑설과 청운은 신출귀몰하며 바람 일으키거나 갑자기 출몰하고 몸 커지는 등 온갖 신묘한 도술과 무술을 선보이고 단약을 먹기도 하는데, 이는 고유한 신선의 모습에 가깝다. 그러나 흥미에 치중해, 그들의 요란한 언술, 엉뚱한 표정, 장난기는 전형적인 신선의 위엄이나 풍모와는 거리가 멀다.

중국 영화 〈환생애사: 신선안(牧野詭事之神仙眼)〉(2017)은 중국 초나라 공주의 캐릭터에 신선 이미지를 입혔다. 신선의 모습과 도술 능력을 빌려 공주의 애틋한 사랑 이야기를 전하려 한 것이다. 영화는 도둑 대보가 금은보화를 도굴하려고 우연히 옛 무덤에 들어갔다가 전생에 연인 관계였던 장군을 연모하다 죽은 초나라 공주를 깨우면서 벌어지는 일들을 다룬다. 초나라 공주는 백발과 백안의 선녀로 환생한다. 그녀는 춤추고 기도하며 기우제를 지내는데, 신묘하게도 백성들의 바람처럼 하늘에서 비가 내린다. 악인으로 등장하는 망한 도관의 선녀는 검술과 도에 능하지만 도술에도 능해 부적을 타고 허공을 걷기도 한다.

중국 영화 〈서유기: 선리기연(西遊記大結局之仙履奇緣)〉(1994)에서는 삼장을 따라 여정을 떠났던 손오공, 낭군을 찾기 위해 속세로 내려온 선자(반사대선)인 자하의 이야기를 그렸다. 이 영화의 본질은 사랑 이야기다. 하지만 물건 당기기, 몸속 혼입 등 다양한 도술을 등장시켜 흥미로움을 더한다. 영화 부제 '선리기연'은 신선이 겪은 기이한 인연(사랑)이라는 뜻이다.

중국 저장위성TV 30부작 드라마 〈협영선종(俠影仙踪)〉(2005)은 중국 동진(東晉)의 도교 연구가 갈홍(葛洪)이 쓴 도교 서적 『신선전(神仙傳)』을 원전으로 삼았으므로 신선의 전형성을 어느 정도 엿볼 수 있다. 그러나 주걸(周杰)이 맡은 주인공 '황초평'의 경우는 각색의 초점이 도탄에 빠진 백성을 구휼(救恤)하고 협객(俠客)의 기재를 발휘하는 데 있어 신선 자체의 풍모 표현은 미비했다. 갈홍의 『신선전』은 84명에 이르는 신선들의 불로불사 사상과 술법을 모아 쓴 소설로 총 10권이다. 이 드라마는 우리나라 무협 채널 ABO(아비오)에서 2005년 11월 1일부터 방송한 이래 여러 차례 재방송되었다.

중국 영화 〈동성서취(射鵰英雄傳之東成西就)〉(1993)는 한 남자가 점이 세 개 있는 여자를 만나면 신선이 된다는 꿈을 꾸고 곳곳을 찾아다니며 대상자를 물색하는 이야기를 그렸다. 중국의 유명 무협작가 김용의 『사조영웅전(射雕英雄傳)』을 바탕으로 웃음을 주기 위해 가볍게 만들었다고 한다. 장국영, 임청하, 왕조현, 양가휘, 양조위, 장만옥, 장학우, 유가령 등 유명 배우들이 대거 출연해 2346만 홍콩 달러의 수입을 올리긴 했지만, 무협 코미디라서 신선의 모습은 단지향(양가휘)의 신선 놀음에 집중되었다. 전형적인 신선의 풍모와 인덕, 영험성 같은 무게감이나 진지함을 제대로 찾아보기 어려웠다.

신선을 코믹한 페르소나로 다루지 않고 전통적인 캐릭터로 구현한다면 무협지처럼 난세를 극복하고, 평범한 백성들이 대처하기 어려운 천재지변과 흉사(凶事)를 물리치며, 평정과 위안을 가져다주는 '위인(偉人)'으로 그

릴 수 있다. 보통 사람이 갖추지 못한 예지력, 마력과 도술, 약 제조술 등 초인적 능력을 갖췄기 때문이다. 신선은 도를 닦아 선경에 거주하고 자유자재로 변신하여 장생불사(長生不死)하는 인간이기에(최준하, 2001), 한마디로 '초인(超人) 캐릭터'라 할 수 있다. '초인'의 사전상 의미는 "보통 사람으로는 생각할 수 없을 만큼 뛰어난 능력을 가진 사람"으로, 흔히 신화나 영화 등 픽션의 서사에서 영웅처럼 전지전능한 캐릭터로 등장한다. '슈퍼휴먼(superhuman)' 또는 '슈퍼히어로(superhero)'다. 철학자 프리드리히 니체(Friedrich Nietzsche)가 종교·철학적 관점에서 정의한 초인(Übermensch), 즉 "인간의 불완전성과 제한을 극복한 이상적 인간"(철학사전편찬위원회, 2012)과는 차원이 전혀 다른 의미다.

가스통 바셸라르드(Gastón Bachelard)와 카를 융(Carl Jung)의 상징 생산 연구에 영감을 받아 상상 이론을 일반화한 질베르 뒤랑(Gilbert Durand)은 신화서사(神話敍事)의 주제·동기, 상황, 상황의 조합, 중복 인물과 시나리오의 집합을 분석한 결과, 그 서사의 핵심에 '초인적인 원형(superhuman archetype)'이 있다고 했다(Durand, 1985). 실비오 아나즈(Silvio Anaz)는 뒤랑의 통찰을 원용해 이런 초인적 원형은 과학기술의 사용, 마력 구사, 비인간, 전투, 무절제라는 공통점이 있다는 분석을 제시했다(Anaz, 2017). 나아가 모험, 액션, 공상과학, 판타지 등 2001~2015년에 히트한 영화를 분석한 결과, 영화 속 '초인'의 전형적 이미지가 다른 문화권의 관객들을 흡인하는 데 유의미한 능력을 발휘했다(Anaz, 2017). 초인 서사는 비현실적·신비적·경이적·초자연적인 세계를 그린다는 점에서(최준하, 2001; 조해진·박영호, 2010), 크리스토퍼 보글러(Christopher Vogler)가 제시한 모험, 스승과 만남, 시련, 부활, 영약(靈藥) 채굴, 귀환 등 판타지적인 영웅 요소(Vogler, 2007)가 적지 않다.

제13장
초인으로서 '신선의 원형' 탐색

　초인인 동시에 불사(不死)의 존재, 초월자적 존재인 신선의 전형적인 모습은 어떠할까. 신선은 원래 일정 자격을 지닌 자만이 수도를 통해 될 수 있는 신적 존재로서의 초인이지만, 중국 후한(後漢) 때 도교가 성립된 이후는 인간 가운데서도 신선도를 수련하면 누구나 될 수 있는 친숙한 존재로 인식이 바뀌었다. 하지만 구체적인 모습은 저마다 다를 수밖에 없다. 상상 세계에 있는 신선의 형상과 이미지는 개인별 경험에 따라 각양각색이거나 가변적이다. 문헌이나 근거를 통해 확립되거나 제시된 신선의 원형이 없다면 신선이 '초인 캐릭터'로 등장하는 영상 콘텐츠는 물론이고, 관념과 추상의 세계에서 혼란이 클 것이다.

　필자는 먼저 그간 신선을 연구한 문헌에서 신선은 도술 등에 능한 '기인(奇人)', 높은 공력으로 만세를 누리다가 승천하는 '신인(神人)', 어렵고 힘든 세상을 구원하는 '정치적 영웅', 탈속해 자연과 풍류를 즐기는 '향락적 존재' 등으로 그리고 있음을 확인했다. 문헌 집필의 목적과 묘사의 관점에 따라 신선 캐릭터의 모습이 달랐다는 것이 특징이다. 그래서 본격적으로 신선 원형을 탐구해 보기로 했다. 신선의 원형을 분석해 낸다면 향후 신선 관련 스토리텔링을 비롯해 콘텐츠 창작 및 관객과의 교감에 핵심적인 본보기가 될 것이다. 신선 이야기는 중국의 경우 전국시대에, 우리나라의 경우 고구려 영류왕 때 처음 출현했다. 이 사실에 착안해 필자는 중국의 신선 관련 고전으로 역사성·구체성·가치성·영향성을 인정받는, 동진 시대 갈홍이 10권으로 저술한 『신선전』에 등장하는 신선 84명의 스토리를 모두 분석해 초인의 원형을 도출했다. 아나즈(Anaz, 2017)의 '초인의 원형 모델'을 원용해 불로장생 현황, 특이한 외양, 교육·위민봉사, 기행·도술, 단약 제조·사용, 퇴장 양상이라는 여섯 가지 범주를 분석 모델로 적용했다.

『신선전』은 신선들의 사상과 술법을 집대성한 작품으로 학계에서 신선의 진면목을 살펴보기에 적합한 신선 전기(傳記)라는 평가가 다수다. 이 작품은 먼저 나온 『열선전(列仙傳)』을 모델로 삼았으나, 서사·대화·지문이 보다 더 확대되고 작중 현실의 구체성이 부여된 점, 후대의 관련 작품에 미친 영향력이 선대의 『열선전』을 능가한다는 점, 영물(靈物)의 등장과 활동에 중점을 두었다는 점에서 신선 관련 분석 시 필수로 참조해야 할 고전이다(권영애, 2011; 2012). 갈홍이 먼저 쓴 도교 경전 『포박자(抱朴子)』를 증보해 집필한 데다 신선의 존재를 증명하기 위한 의도에서 신선 기록을 모은 것(류성민, 2011)이라는 점도 가치를 높여준다.

연구 결과● 초인으로서 신선의 전형은 '변신술, 사물 조종술, 질병 치료술 위주의 도술을 부리며 의료봉사와 백성 구휼에 치중하고 단약이나 운모(雲母) 복용 혹은 교접·방중술 등으로 장생·회춘·부활·불멸을 추구하면서 평균 430년간 젊고 생기 있는 얼굴로 살다가 어느 날 흔적도 없이 홀연히 사라지는 캐릭터'로 나타났다.

● 이 연구 결과는 「『신선전(神仙傳)』에 나온 초인 캐릭터로서의 신선 전형」이라는 제목으로 《글로벌문화콘텐츠》, 제49호(2021), 19~35쪽에 실렸다.

먼저 신선의 수명, 즉 나이를 살펴보자. 『신선전』 각 스토리의 주인공 신선 84명 가운데 수명이 제시된 사례를 분석했더니 이들의 평균 수명은 429.675여 세로 집계되었다. 약 430세라는 의미다. 가장 장수한 신선은 '백석생'으로 2000세였으며, 가장 수명이 짧은 신선은 '초선'으로 89세였다. 수명이 1000세 이상~2000세 미만으로 기술된 신선은 하상공(1700여 세), 광성자(1200세) 두 명, 500세 이상~1000세 미만은 유정(810여 세), 이팔백(800세), 팽조(770세), 이근(700세), 진장(600세), 구령자(500여 세), 태양자(500세), 마명생(500세) 여덟 명으로 각각 분석되었다.

최고령은 2000세로 백석생이 유일했으며, 1000살이 넘은 신선은 백석생, 광성자, 하상공 세 명이 꼽혔다. 가장 어린 신선에 속하는 100살 이하는 초선(89세)과 동봉(100세) 두 명이었다. 500세 이상은 작품에 등장하는 순서대로 광성자, 팽조, 백석생, 이팔백, 유정, 구령자, 태양자, 마명생, 진장, 하상공, 이근 11명이었다. 참고로 우리나라의 신선 역사에서 아사달의 신선이 되었다고 전해진 단군(檀君)은 1908세를 살았다(임채우, 2018).

둘째, 신선의 외양을 보자. 이와 관해서는 젊음을 강조한 표현이 가장 많았다. 주인공 신선의 모습이 구체적으로 언급된 예화 38건 중 71%인 27건에서 "젊고 밝은 안색", "어린아이의 얼굴", "청년의 모습", "젊은 기운" 등 젊음에 관해 묘사했다. 신선의 젊음을 묘사한 사례 중 가장 빈번한 것은 "어린아이의 얼굴" 모습으로 비유 대상이 소년, 소녀, 동자(童子), 어린아이, 미소년으로 제시된 경우가 많았다. 대표적으로 "소년의 모습"(황산군), "수백 세에 이르도록 얼굴이 미소년 같았다"(윤궤), "300년을 살았는데 어린아이 같았다"(조주), "안색이 소녀 같았다"(악자장), "주영환(朱英丸)을 복용해 얼굴이 어린아이 같았다"(유정), "180세에도 안색이 어린애 같았다"(천문자), "어린아이 같은 안색"(태음녀) 등에서 엿보였다.

20~30대의 청년에 해당하는 표현도 적지 않았다. "서른 살 젊은이의 눈빛"(백석생), "도로 젊은이로 변해 20여 세의 나이와 같았다"(영수광), "나이 130살에 30살 같은 사람 모습"(유경), "얼굴은 서른 살 젊은이 같았다"(동봉), "100여 세에 30세쯤으로 보였다"(봉군달)의 사례가 해당된다. 단순히 젊다는 표현도 있었다. "갈수록 안색이 젊어졌다"(구령자), "안색은 갈수록 젊어지고"(태현녀), "점점 젊어졌다"(장도릉), "나이가 들수록 도리어 젊어졌다"(공원), "젊은 용모"(왕렬)에서 이런 묘사가 나타났다.

젊은 기운을 과장해 비유한 표현도 있다. "겨울과 여름에도 옷을 입지 않고"(유근), "겨울에는 홑겹의 옷을 입고"(이의기), "머리카락은 마치 까마귀 같았다"(태현녀), "얼굴이 복숭아꽃 같았고 입은 붉은색을 머금고"(태양녀), "행기(行氣) 수련을 하여 잘 먹지도 마시지도 않았다"(감시), "빠르기는 달리는 말을 따라가고 머리에 한 길 높이나 되는 오색 기운이 떠 있었다"(황로자), "젊은 용모에 산을 오를 때면 마치 나는 듯했다"(왕렬)가 그 사례들이다.

셋째, 신선들의 역할 가운데 하나인 교육과 위민봉사 내역을 보자. 분석 결과 치료 등 의료봉사, 백성의 가난 구휼(救恤), 길흉 예측과 재앙 예방, 비방 전수와 치세 조언으로 나타났다. 신선들에게 의사, 해결사, 점술가, 정치적 조언자 역할을 바라는 기대심리가 반영된 것으로 평가된다. 그 가운데 치료 등 의료봉사, 백성의 가난 구휼이 가장 많이 언급되었다. 당대 민중은 신선이 깊은 경지의 선력과 신묘한 단약 제조술로 병을 고치고 특유의 도술과 신력으로 백성의 가난을 해결할 것이라 믿었기 때문이다. 오랜 수련과 통찰력에 힘입어 국가의 재앙을 예측하고 다스리며 조언하는 정치적 조언자, 교육자 역할도 수행했음을 알 수 있다. 신선들의 이 같은 봉사 행적에 대한 이야기가 당대의 백성이나 후세에 널리 전해져 '선한 영향력'의 효과가 일어나기를 기대한 듯하다.

넷째, 도술 행위와 관련된 표현을 보자. 분석 결과 신선들은 주로 변신술,

사물 조종술, 질병 치료술, 길흉 예측 및 재앙 퇴치술, 불로장생술, 장거리 주파술, 은신·소멸술, 공중 부양 및 비행술 등 이 연구의 분류상 16가지 도술을 부렸다. 구체적으로 『신선전』에 나오는 신선들은 16가지 도술을 선보였는데, 그중 대표적인 것이 작중에 가장 많이 사용된 변신술(16건)과 조종술(13건)이다.

변신술과 사물 조종술 다음으로는 질병 치료술(12건), 길흉 예측 및 재앙 퇴치술(9건), 불로장생술(9건), 장거리 주파술(8건), 은신·소멸술(7건), 공중 부양 및 비행술(4건), 돌파술(2건), 발광술(發光術, 2건), 방수술(防水術, 2건), 내화술(耐火術, 2건), 담벼락 돌파술(2건), 맹수 제압술(2건)의 순으로 표현되었다. 무거운 짐을 들고, 쇳덩이를 먹어 소화하고, 거꾸로 서서 취식하는 도술도 각각 한 건씩 나타났다.

신선들이 사용한 으뜸의 불로장생 비책은 '단약'으로 84개 스토리 가운데 81%인 68개에서 언급될 정도로 많이 등장했다. 이 가운데 단약의 처방과 재료를 구체적으로 풀이하지 않고 간략하게 '단약(신약)의 복용'이라고 언급한 사례는 13건에 이르렀다. 단약은 장생, 회춘, 부활, 불멸을 상징하는 이상 세계의 처방으로 신선 세계에서는 그 처방도 전수 대상이다. 불로장생의 비방은 단약 외에 교접·방중술(8건), 광물인 운모 복용(4건), 주영환방(朱英丸方, 3건), 호흡법의 일종인 태식[胎息(공기를 담아 삼키는 것), 3건]으로 나타났다.

붉은색 황화수은인 단사(丹砂)와 황금 등의 광물을 아홉 번 가열·연소해 만든 구전환단(九轉還丹) 복용과 목욕술[30가지 곡식으로 빚은 술독 목욕 혹은 북두칠성에서 앞쪽 사괴성(四魁星), 즉 네 개의 별 사이에 물을 담아두고 입으로 바람을 일으켜 뿜어내면 붉게 변하는 물에 목욕]은 각각 2건으로 나타났다. 혀 아래 부분인 현천의 침을 삼키는 태식, 광물인 석뇌(石腦) 복용술, 부적을 붙이는 부적술도 소개되었다.

신선들이 만드는 단약의 재료로는 운모(4건)가 가장 많았으며, 수은(2건)이

그다음을 차지했다. 계피, 운모, 진주, 녹용, 송강, 송진, 복령, 잣, 영지, 황지, 삽주, 호아, 참깨, 이출, 천문동, 연연, 대나무 뿌리, 황정, 석뇌 등이 재료로 사용되었다. 치명적인 독성이 있어 한방에서 사용하지 않는 수은이나 운모 등 광물을 언급한 것이 독특하다. 수은의 경우 그대로 먹거나 황정과 연단해 조제한다는 제법이 소개되었다. 수은은 중독성으로 체내에 축적되면 만성피로, 어지러움과 불면증을 유발하기에 약용을 금하고 있다. 얼마나 심했는지 위백양(魏伯陽)이 쓴 도교서『참동계(參同契)』에도 단약의 부작용에 대한 기술이 많이 나온다.

다섯째, 마지막 행적을 보자.『신선전』각 예화에서 신선의 종적(宗敵)에 관한 표현 55건을 분석한 결과 '어디로 갔는지 도무지 알 수 없게 홀연히 사라진 경우'가 대부분이었다. 신선이 행하는 수련과 봉사 활동은 현실 세계의 인간처럼 상당히 짜임새 있게 전개되고 그 내용도 구체적이지만, 마지막 모습은 상상의 존재처럼 '귀몰(鬼沒)'한다. 신선이 되기 이전과 이후의 위상이 대상에 관한 표현의 구체성에서 차이가 나서 확연히 대비된다.

구체적으로 관련 표현 55건 가운데 '신선이 되어 사라졌다'가 32.7%인 18건으로 가장 많았다. 매우 단순한 표현이다. 도를 닦고 수련해 장생불사의 존재인 신선이 된 다음에는 아무런 족적을 남기지 않고 사라지는 전개 방식을 보인 것이다. 그다음으로는 '신선이 된 다음 승천했다'(15건), '산으로 들어가 다시는 나타나지 않았다'(11건), '신선이 된 후 인간 세상에 돌아오거나 종종 나타나기도 했다'(4건), '어디로 갔는지 도무지 행적을 알 수가 없었다'(4건), '지선(地仙)이 되어 은거했다'(1건) 순서로 나타났다. 기타는 2건이었다.

'신선이 되어 사라졌다'(18건)와 '어디로 갔는지 도무지 행적을 알 수가 없었다'(4건)를 합치면 이는 전체의 40%로, '종적 불문' 서사가 더욱 두드러진다. 승천 사례는 먼저 신선이 된 후 신비롭고 영험한 첩첩산중에 머물지 않고 천상계인 하늘로 올라갔다고 명시한 경우로, 제시된 귀착지가 명확하다.

제14장
무형유산으로서 신선 전설의 의미

우리가 접할 수 있는 다양한 신선 전설에서 주인공인 신선은 흔히 스스로 변신하거나 초인적·초월적·영웅적 능력을 한껏 발휘하는 존재로 묘사된다. 신선은 지역 신앙과 민속 전통 등이 결합되어 하늘에 주인이 있다고 믿는 초자연적 신앙인 도교에서 유래했다는 것이 정설이다. 도교는 보급된 이후 주술적 성격이 있는 연금술로 개인의 철학적 사고와 국가·사회의 유지 틀 등으로 기능했다(Wright, 1970). 특히 동양권에서 정신문화는 물론이고 제도까지 지배하게 된 것이다.

신선 설화는 도교의 핵심인 '자연에 대한 사랑'을 바탕으로 하는데(Shaw, 1988), 자연 순응과 기인·추종을 기초로 인간이 자연의 무궁한 생명력에 동화하고 싶은 상상력을 문학적으로 형상화한 장르다(정선경, 2018). 중국과 한국에서는 일찍이 다양한 신선 스토리를 다룬 설화집이 널리 읽혔으며, 마을 주민들을 통해 구비전승되는 스토리도 매우 많았다. 등장하는 신선들의 외양을 보면 남성은 머리가 희고 피부가 윤택하며, 여성인 선녀는 외모가 빼어나고 아름다웠다(최운식, 2006).

신선 전설의 뿌리인 도교는 중국 전국시대(B.C. 403~B.C. 221)에 태동했으며, 우리나라에 들어온 것은 『삼국유사』에 전하는 것처럼 고구려 영류왕 집권기인 624년이다. 당고조(唐高祖)의 지시로 당나라의 도사가 천존상(天尊像)을 들고 입국해 노자(老子)의『도덕경(道德經)』을 강론하며 전래되었다고 한다(임채우, 2018). 천존상은 도교 최고의 신인 천존의 형상물이다. 그 뒤에는 신라의 유학생들이 당에서 불로장생술을 배우고 들어와 전파하기도 했다.

전국시대를 통일한 진나라의 시황제는 서복 등과 같은 사람을 보내 신선과 불사약을 찾았고, 한나라의 무제(武帝)도 신선 사상에 매료되어 자신의 장생불사를 기원하며 하늘에 제사를 지내고 단약을 복용했다는 기록이 있다. 영류왕이 도교를 수입한 이유는 노자를 조상으로 모시는 당과 우호적인 외교관계를 유지하기 위한 목적이 크게 작용했다. 한국의 신선 사상이나 신선 전설은 중국의 그것과 구별하기 위해 '한국선도(韓國仙道)'라고도 부른다(임채우, 2018). 한국의 신선 사상이나 신선 전설이 중국 도교의 영향을 많이 받기는 했다. 그러나 사학자나 도교 학자들이 천신(天神)인 환웅(桓雄)과 웅녀(熊女)의 아들인 단군(檀君)이 1500년간 세상을 다스리며 무려 1908세를 살다가 아사달의 신선이 되었다는 '단군신화(檀君神話)'를 한국 신선 사상의 원형으로 간주하듯, 한국의 고유한 풍토에서 자생적으로 발생해 전래된 측면도 강해 중국과 동일하지 않기 때문이다.

중국에서는 동한(東漢) 말에 위백양의『참동계』가 나와『주역』의 변화 원리, 노장 사상, 단도 수련의 방법을 비롯해 신선 장생술을 설파했다. 특히 위백양은 유학을 공부한 명문가 출신이었지만, 출세를 멀리하고 신선이 되는 묘약 조제술인 연단술(煉丹術) 연구에 몰두하며 직접 제자 세 명과 함께 산속으로 들어가 수련한 후 불로장생의 영약인 금단(金丹)을 만들었다고 한다(마노, 2007). 동진 시대 갈홍의『포박자』등이 나와 중국의 신선방약(神仙方藥)과 불로장수 비법 등을 제시하며 신선 사상의 이론적 틀을 형성했으며, 4

세기 이후에는 도교가 비로소 교단 체계를 갖췄다.

신선 전설을 모은 문헌은 다양하다. 중국의 경우 『열신전』, 『신선전』 등이 나왔고, 특히 『후한서(後漢書)』에서는 신선 설화를 정사(正史)의 일부로 간주하기도 했다(정선경, 2006). 한국에서는 『삼국사기(三國史記)』, 『삼국유사』, 『지봉유설(芝峰類說)』 등에 많은 신선 전설이 전해진다. 중국의 신선 전설은 정치철학인 동시에 영웅담, 도술담(道術談), 장수담(長壽談)이 주류였으며, 한국의 신선 전설은 죽음을 초월하려는 간절한 염원, 권선징악, 효성과 가족애, 타인 배려와 인륜·도덕 중시, 절제와 인내, 새로운 영웅의 출현에 대한 기대 등이 두루 담겨 있다.

신선 전설에 깃든 신선 사상의 핵심은 탈속, 즉 번잡한 속세를 벗어나 아름다운 자연에서 불로장생하면서 신이한 능력을 지닌 존재가 되는 것이다. 『삼국사기』 신라본기 진흥왕 37년 조에는 신선 사상을 "나라의 현묘(玄妙)한 도(道)"로 규정을 하면서 '풍류(風流)'라 일컬었다. 중국의 신선 사상은 연(燕)과 제(齊)나라에서 비롯되었으며, 한국의 신선 사상은 단군신화에서 유래했다는 것이 정설이다(김용덕, 1984). 관련 학계에서는 훗날 유불선(儒佛W仙) 사상이 결합된 '융합사상'이 되었다는 것에도 대체로 동의한다.

신선 전설은 인류 문화사 측면에서 마을 공동체의 원시 문화가 담긴 문화의 집결체(정선경, 2006)라는 독보성이 있으므로 보존 및 전승 가치가 높다. 신선 전래담에 담긴 정신적 가치는 마을·촌락 등 지역의 문화 자체와 결속력의 핵심이 되기에 연구 가치도 높다. 특히 신선 설화가 지명의 유래가 되었다면 신선 전설 원형의 발굴과 복원은 무형유산 보존 차원에서 한층 더 중요성을 지닌다.

무형유산(intangible heritage)의 구전전통 가운데 하나인 전설은 민간에 구술로 전승되는 이야기를 의미한다. 여기에서 전승은 초기에 만들어진 전설

표 2 산문 서사(Narratives)의 특징

구분	신화(Myth)	전설(Legend)	민담(Folktale)
신뢰성	사실	사실	허구
시간성	먼 과거	먼 과거	상시
장소성	다른 세계: 다른 또는 그보다 이른	현세	어떤 장소이든 무관
속성	신성함	세속적 또는 신성함	세속적
기본적인 캐릭터	비인간(초인, 신령)	인간	인간 또는 비인간

자료: Bascom(1965) 재구성.

원형 그대로 또는 원형을 첨삭한 상태로, 나아가 원형과 유사하게 새롭게 창작되는 것까지 모두 포함한 스토리가 사람들에 의해 대대손손 전파되는 것을 의미한다.

전설은 산문 서사이자 화자나 청자에 의해 사실로 믿어지는 이야기로서 형성 시기가 신화보다 오래되지 않은 것이 특징이다(Bascom, 1965). 예부터 민간에서 회자되어 내려오는 귀신, 신선, 선녀, 요정, 도깨비, 영웅 등과 같은 이야기로서 뚜렷한 기록이 없는 한 기억을 통한 구전(orally transmitted)에 의존하는 경우가 많았다. 구전 과정에서는 청자나 화자에 의한 압축, 정교화, 변용이 나타나기도 한다(Dorson, 1963). 전설 스토리는 신성하기보다 세속적이며, 기본적으로 캐릭터가 신성성보다는 인간성과 인간의 삶에 중점을 둔다(Bascom, 1965).

따라서 전설의 주인공들은 신화의 주인공처럼 초인적·초월적인 능력은 덜하지만 인간미가 강하고 도술이나 변신, 묘약의 제조·사용과 같은 특별한 재주를 부린다. 또 어떤 공동체의 내력이나 자연물의 유래, 이상한 체험 따위를 소재로 하는 경우가 많으므로, 스토리와 관련된 실제 장소나 흔적 혹은 증거물이 실재하기도 한다. 전설은 누군가의 가치와 의도에 따라 서사구조를 갖춰 만들어지고, 역사적 사실성과 깊은 연관성을 지니며, 관련된 증거물이 존재함으로써 실제 있음 직한 사실로 형상화되고 빠르게 확산·전승된다(장장식, 1986).

전설은 스토리가 다양하고 참신해 문학성이 뛰어나고, 마을의 정체성 및 자긍심과 직결된 역사성·신비성·지역성을 상징하거나 나타낸다. 그간 공연·예술, 공예, 미술 등과 달리 무관심하거나 등한시되어 온 측면이 있지만 보존 가치가 크다. 전설은 지식, 문화·사회적 가치, 집단기억을 전달하는 데 사용되고 문화를 존속시키는 데 중요한 역할을 하며 문화유산으로서 가치를 지니기 때문이다(Singer, 2011). 게다가 관광자원으로서 세계 여행객들의 큰 관심을 끌어내므로 외화 수입의 핵심 요소가 될 수 있다는 부수적 이유도 있다(Xing et al., 2012).

현재 전하는 전설은 고유한 신비성에도 불구하고 스토리의 일관성을 잃고 부분적으로만 탐색되거나 집단의 상상 속에서만 머무는 경우 등 다양하게 존재한다. 이탈리아 토스카니 사소 피사노의 '부카 디 산 로코(Buca di San Rocco)'에 있는 동굴과 요새가 된 바위 전설, 티볼리에 위치한 로마 황제 하드리아누스(Hadrianus)의 별장 지하회랑(Cryptoporticus of the Hadrian's Villa)과 '속죄의 방' 전설, 칼라브리아의 산 마르코 아르젠타노에 있는 신비로운 터널(mysterious tunnel) 전설이 대표적으로 이런 사례다(Pignatale and Leonardi, 2014.11.3). 특히 '보이지 않는 도시'로 불리는 '속죄의 방' 전설은 로마의 하드리아누스 황제와 얽혀 있다. 황제는 과부 신페루사(Sinferusa)와 일곱 아들에게 기독교 숭배를 강요했는데, 이들이 거부하자 참살한 후 잔인한 행동에 대한 대가로 이들의 유령에 사로잡힌다. 결국 상태가 심각해져 햇빛을 피하기 위해 황제가 지하로 내려가 속죄했다는 지하 공간이 이 '속죄의 방'이다.

이러한 전설들은 스토리의 이해(enhance the comprehension)와 대중화 강화(popularization of stories)를 위해 문서화(documentation), 디지털 조사(digital survey), 재구축(reconstruction) 등으로 보존·전수해야 한다(Pignatale and Leonardi, 2014). 전설에 대한 인식 전환은 문화유산 보호조치를 촉진하므로 매우 중요하다. 중국에서는 과거 사회주의 혁명기에 전설과 유사한 범주인 지역 신앙(Local belief)을 '봉건적인 미신(feudal superstitions)'으로 치부했지만, 1978년부터 인식이 바뀌었고 2004년부터는 유네스코의 영향으로 ICH(Intangible Cultural Heritage) 보호 프로젝트를 추진하게 되었다. 이는 점차 국가 차원의 ICH 보존 정책으로 발전했다(You, 2020).

그렇다면 이러한 전설은 왜 무형문화유산이라 규정할 수 있으며, 무형문화 유산으로서 무엇이 중요한지 살펴볼 필요가 있다. 무형유산을 관리·보존·전승하려는 이유는 그것에 담긴 역사적·예술적 가치 때문이다. 1972년 체결된 '무형문화유산 보호협약(Convention for the Safeguarding of the Intangible Cultural Heritage)'에서는 인류의 보편적이고 뛰어난 가치를 지닌 각 유산이 원형을 유지한 채 보존될 수 있도록 권고한다. 이 협약은 전 세계의 지역 무형유산 보호에 관한 세계적 권고를 실천하기 위해 마련된 것이다(Savova, 2009). 대한민국의 문화재법은 "문화재의 보존·관리 및 활용은 원형 유지를 기본원칙으로 한다"(제3조, 문화재보호의 기본원칙)라고 규정한다.

무형유산은 정의되는 범위가 포괄적이고, 지역사회를 반영하는 대표성이 있으며, 공동체에 기반을 두고 있어 지역 공동체의 인정을 받아야 기능할 수 있다(Kurin, 2007). 이런 이유로 연구와 보존 논의에서 토착성과 초국가성이 강조되기도 한다(박상미, 2006a: 2006b).

또한 물리적 특성이 강조되는 유형유산(tangible heritage)과 달리 사람들의 관념과 행위, 발현 양식의 기록 등으로만 존재하는 데다 형체가 없어 대부분 국가에서 그 '기능 보유자'를 보호 대상으로 지정해 관리한다. 무형유산은 세계화 과정에서 문화적 다양성을 유지하는 데 필요한 핵심 요소로, 무형유산에 대한 이해는 문화 간 대화를 돕고, 다른 삶의 방식에 대한 상호 존중을 촉진했다(Singer, 2011).

유네스코 무형문화유산 보호협약의 무형유산에는 '구전전통과 표현'이 포함된다(Ryu, 2019). 기록될 수 있지만 손으로 만질 수 없는 역사적·문화적 산물이라는 점에서 유네스코에서 사용하는 무형문화유산 개념과도 같다. 유네스코는 1989년 전통문화와 민속보호에 관한 권고안(Recommendation on Traditional Culture and Folkore)을 발표하면서 무형유산 범주에 언어·문학·신화 등 스토리를 포함시켰다(박선희, 2019). 이어 2003년 32차 유네스코 총회에서 채택한 '무형문화유산 보호에 관한 협약(Convention for the Safeguarding of the Intangible Cultural Heritage)'에서는 전설·설화 같은 구전전통, 공연예술, 사회적 관습, 의례, 축제행사, 자연과 우주에 대한 지식과 관습, 전통공예 기술 등 조상들로부터 대대손손 그대로 전승되거나 후손들에 의해 가미·창작되어 전파된 표현물을 포함시켰다.

이런 형식의 구전 전승이 문화공동체 구성원들의 살아 있는 유산으로서 가치가 있다고 판단했기 때문이다. 이 협약은 2002년 리우데자네이루(Rio de Janeiro) 유네스코 국제 전문가 회의의 결과물인 용어 목록(glossary)을 토대로 무형문화유산에 대한 핵심 개념의 정의(major concepts of Intangible Cultural Heritage)를 구체화한 것으로서, 무형유산 범위를 규정하는 데 상당한 진전을 이루었다고 평가받는다(Van Zanten, 2004). 무형유산을 덜 기술적이고 덜 문화적이면서도, 역사적으로 친숙한 용어로 대체했기 때문이다(Kurin, 2007).

유네스코의 무형유산 가운데 구전 및 표현 영역은 구체적으로 무형유산 매개체인 언어를 망라한 속담, 수수께끼, 이야기, 동요, 전설, 신화, 서사시,

기도, 구호, 노래와 극적인 공연 등을 비롯해 매우 다양한 구어 형태에 이른다(Singer, 2011). 한국의 문화재보호법(2020.12.22. 시행)● 또한 구전전통과 표현, 민간신앙 등 이와 관련된 요소를 무형문화재(intangible cultural property)의 범주에 포함한다.

● 대한민국의 문화재보호법에서는 '무형문화재'를 "여러 세대에 걸쳐 전승되어 온 무형의 문화적 유산으로서 중 다음 각 목의 어느 하나에 해당하는 것"으로 규정했다(문화재보호법, 2020.12.22. 시행). 아울러 이에 해당되는 요소를 ① 전통적 공연·예술, ② 공예, 미술 등에 관한 전통 기술, ③ 한의약, 농경·어로 등에 관한 전통 지식, ④ 구전전통 및 표현, ⑤ 의식주 등 전통적 생활관습, ⑥ 민간신앙 등 사회적 의식(儀式), ⑦ 전통적 놀이·축제 및 기예·무예라는 일곱 가지 요소로 구별한다.

제15장
문학으로서의 신선 전설

　전설은 설화, 민요, 무가, 판소리, 민속극 등과 마찬가지로 대대손손 입에서 입으로 전해지는 특성을 지닌 '구비문학(口碑文學, Oral Literature)'에 속한다. 글로 쓰여 매체를 통해 소통·전수되는 '기록문학(記錄文學, documentary literature)'과는 상대적인 위치에 있다. 구비문학은 말을 통한 전수를 매개로 하기에 문자로 정착되지 않고 구연되며, 특정 공동체나 집단 내의 많은 사람들에 의해 공동으로 창작된다. 사람들의 단순하고 보편적인 삶 속에서 피어나거나 창조되기에 보편적·서민적·민중적·민족적 성격이 강하다. 구비문학은 이야기가 전해지는 현장이 매우 중요하기 때문에 자료를 문서화할 때는 이야기의 배경과 신빙성 등을 중시해 채록 시기 및 지역, 제보자의 인적 사항 등을 기록해 두어야 한다(이수자, 2000).

　'구비(口碑)'란 '비석(碑石)에 새긴 것처럼 오래도록 전해 내려온 말'이라는 뜻으로, '예전부터 대대로 말로 전하여 내려온 것'을 이르는 어휘다. 구비문학(口碑文學)은 강물이나 액체처럼 흐르고 흘러 널리 전해진다는 뜻에서 '유동문학(流動文學)', 길 가는 나그네처럼 정처 없이 이리저리 떠돌아다니며 전파된다 하여 '표박문학(漂泊文學)', 사람·시대·공간을 아우르며 층층이 쌓여 형성되는 특성이 있다 하여 '적층문학(積層文學)'으로도 불린다. 구비문학 가운데 전설은 옛날부터 민간에 전해오는 이야기를 뜻한다. 공동체 구성원들에 의해 구전되며 어느 공동체나 마을·집단의 내력, 자연물의 유래, 이상한 체험 따위를 소재로 한다.

전설로 명확히 규정되려면 여러 가지 성립 조건을 갖춰야 한다. 그것은 첫째, 창작과 전승 집단이 있다는 점, 둘째, 그 집단이 어떤 의도(주제)를 실현하려 한다는 점, 셋째, 만들어진 이야기 구조를 갖추고 있다는 점 등 모두 세 가지 요소라 할 수 있다(장장식, 1986). 전설의 서사는 특정 지역이나 그 지역의 사람과 사물을 배경으로 하기에 전설이 발원 및 전수되는 지역성과 역사성이 기본적 특성이다. 따라서 전설은 민담과 달리 촌락, 산협, 누각, 집, 암석, 나무 등 특정 지역의 역사적인 사건이나 증거물을 소재 또는 매개로 전개되는 경우가 대부분이다. 이야기의 근거가 되는 실제적인 증거물은 인위적인 개발이나 훼손·소실의 이유가 아니라면 현재까지 남아 있다.

이 책에서 다룬 신선 전설은 도교의 신선 사상을 기본 골격으로 삼는다. 문학이라는 면에서 구조적으로는 서사의 전개 방식을 충족하며, 내용적인 면에서는 흥미성·신비성·신성성·영웅성을 매력으로 한다. 신선 사상은 신선이 되어 인간이 불로불사의 정기와 생명을 향유하고 초인적인 신권(神權)을 얻어 이를 행사하는 철학적 의식 체계를 말한다. 따라서 신선 전설은 본래 초월적인 특성을 띠는 자연과 합일하는 경지에 이르고, 자연의 무궁한 생명력에 동화되고 싶은 상상력을 문학적으로 재현하거나 형상화한 서사로서 불멸의 존재를 꿈꾸던 사람들의 믿음을 표현한다(정선경, 2017; 2018).

현세의 한계를 벗어나 오래 살고 싶은 욕망, 변신술과 도약술 등 기이한 도술을 부려 난세를 바로 잡거나 신묘한 단약과 기예·불로초·천도복숭아·대추 등으로 유한한 인간의 능력을 뛰어넘어 희망을 실현하려는 욕망, 빼어난 경치를 갖춘 인적이 전혀 닿지 않는 험지에서 오랜 수련 끝에 득도해 자연의 무궁한 생명력과 합일하는 경지에 이르고 싶은 욕망을 반영한다. 따라서 주인공 신선들은 이야기 구조에서 수백 년이 지나도 늙지 않는 외모와 곡기(穀氣)를 끊어도 장생하는 무한한 에너지, 음양과 천지의 조화를 토대로 타인과 공존하며 생명력을 강화해 나가면서 신적 경지에 이르러 천수(天壽)를 누리는 특성이 있다.

신선 설화는 신선에 관한 의식을 바탕으로 하여 꾸며낸 이야기다. 국문학자 최운식은 신선 설화 326편(구전 자료 290편, 문헌 자료 36편)을 분석한 결과 선관(仙官)이나 선녀의 혼인을 다루는 혼인담 142편(43.6%), 신선의 신이한 능력이나 도술을 전하는 도술담 93편(28.5%), 신선을 만나거나 선경을 이야기하는 신선조우담(神仙遭遇談) 46편(14.1%), 신선이 되기 위한 인간의 노력이나 과정을 전하는 득선담(得仙談) 32편(9.8%) 순서로 유형을 구분했다(최운식, 2006). 의외로 도술담이나 득선담보다 혼인담이 많다는 것은 신선 전설이 선도(仙道)의 구현 자체보다 공동체 주민들의 생활사와 결합되어 있음을 의미한다.

최운식에 따르면 사슴과 함께 숲속에 살던 가난한 나무꾼과 하늘에서 내려와 목욕을 하다가 날개옷을 잃어버린 선녀 설화는 혼인담, 의협심이 강한 전우치가 옥황상제의 명령으로 선인으로 변해 밥알이 벌레가 되고 벌레가 나비가 되는 등 다양한 도술을 부려 인과응보나 권선징악을 실행하는 이야기는 도술담에 해당한다.

나무꾼이 마니산에 나무하러 갔다가 넓은 바위에 앉아 바둑을 두는 신선들을 만나 도끼 자루를 짚고 서서 잠시 바둑 두기 구경에 빠진 것을 보고 "신선 놀음에 도끼자루 썩는 줄 모른다"라는 말까지 생긴 전설은 전형적인 신선조우담에 속한다. 어느 부잣집 외아들이 부모님이 돌아가신 뒤에 자기 재산을 가난한 사람들에게 다 나눠 주고 미륵에게 신선당에 들어가 득도하며 선행을 하겠다는 뜻을 청해 신선이 되었다는 전설은 득선담에 포함된다.

　문학적인 관점에서 신선 설화가 수록된 우리나라 문헌은『삼국유사』,『파한집(破閑集)』,『동국이상국집』,『용재총화(慵齋叢話)』,『지봉유설』,『청구야담(靑邱野談)』,『계서야담(溪西野談)』,『어우야담(於于野談)』,『금계필담(錦溪筆談)』,『기문총화(記聞叢話)』,『청야담수(靑野談藪)』,『동야휘집(東野彙輯)』,『동패낙송(東稗洛誦)』 등이 있다. 중국 문헌은 앞에서도 언급한『포박자』,『열선전』,『신선전』과『산해경(山海經)』 등이 있다.

제16장
신선 전설과 마을 이름의 연계성

지명(toponym)은 마을, 산천, 지역의 이름을 뜻한다. 지명은 이런 곳의 자연적·지리적·문화적 특징은 물론이고, 정치적·경제적 특성을 반영한다. 해당 지역 주민들의 생활 모습을 온전히 투영하기도 한다. 지명은 자연유산과 문화유산의 반영으로서(Gruyter, 2007) 지역의 역사적 발전과 자연 지형의 현실을 반영하고, 지역의 번영, 사회변화, 경제생산 등 수많은 문화경관 정보를 기록한다(Wang et al., 2012). 이런 이유로 지명은 전통과 역사적 발자취를 살펴볼 수 있는 소중한 문화재로 인식되어 동서양을 막론하고 지명학(地名學, toponymy, toponomy, ortsnamenkunde)이 확립되었을 만큼 연구 이력이 오래되었다.

지명은 사회 계약적인 성격을 띠며 특정 지역의 자연환경, 역사, 전설, 민속, 종교, 가치관에 따라 이름이 붙고 변화하기도 한다(천인호, 2011). 따라서 지명의 유래를 추적해 그 원형을 보존하면 마을 주민들의 이동과 정착 과정, 역사, 지리, 풍속, 제도 등 마을의 정체성과 문화적 연원을 파악하는 데 도움이 된다(박성대, 2012; 권면주, 2017). 지명은 지역의 장소성을 반영하면 '자연 지명'이 되고, 문화와 역사를 반영하면 '인문 지명'이 된다(박성대, 2012). 한국의 고대 지명은 본래 순 우리말로 불렸다. 그러나 신라 경덕왕 16년(757년)

부터 한문식으로 개칭되어 오늘날 많은 지명이 그렇듯 한글과 한자가 함께 쓰이기 시작했다(이돈주, 2007).

마을 이름의 유래가 되는 신선 전설 발굴은 지역문화에 깃든 가장 토속적이고 원류적인 스토리의 추출이라는 점에서 채록·규명·보존의 당위성이 있다. 지명이 지형과 위치, 땅의 성질 등은 물론이고 지역민들의 의식구조·사회·문화·역사적인 면을 대변한다는 점에서(Wi, 2002) 문화유산으로서의 가치가 큰 것이다. 특히 지명에 관한 스토리는 산천의 겉모양과 정기를 연관지어 해석하기에 풍수와도 연관성이 있다(김광언, 1993; 천인호, 2011).

이런 가치를 지닌 마을 명 유래의 전설을 채록해 원형을 집대성하면 역사의 보존과 계승은 물론이고 문화관광 콘텐츠로 활용할 수 있다(권찬호 · 이종수, 2012). 많은 신선 이야기를 보유한 세계자연유산인 중국 후난성 장자제의 '무릉원(武陵園)', 불로장생하는 신선이 산다는 옌타이의 '삼선산풍경구(三仙山風景區)', 배를 난파시키는 아름다운 요정 전설의 배경인 독일 라인강 강변의 '로렐라이(Loreley) 언덕', 환상적인 오로라 관광지로서 금을 캐는 데 쓰인 토착 인디언들의 황동 칼 전설을 간직한 캐나다 북쪽 '옐로나이프(Yellowknife)'의 사례를 보자. 이는 무형유산의 문화적 가치 평가와 전승은 물론이고, 경제적 활용까지 가능하다(Pignatale and Leonardi, 2014)는 것을 보여준다.

지명 관련 전설 등 구전전통이 사람들을 끌어당기며, 관광 등 경제적 활용까지 가능하다는 점은 국내 사례에서도 찾아볼 수 있다. 몇 가지 신선 전설을 살펴보자. 강원도 고성 금강산을 찾은 관광객들은 응당 '나무꾼과 선녀' 이야기를 연상해 발걸음을 재촉하고, 섬진강 상류 오원천 기슭에 있는 전북 임실 사선대(四仙臺)에 가면 두 신선이 노는 것에 도취한 아름다운 네 선녀를 연상하게 된다. 석회암 동굴인 경상북도 울진 성류굴에 가면 신선이 노닐 만큼 주변 경관이 빼어나 원래 이름이 '선유굴(仙遊窟)'이었다는 사실에 깜짝 놀란다. 선유굴은 경상북도 영양군 영양읍 하원리에도 있다.

용에 대한 전설도 좋은 사례다. 경상남도 함양군 휴천면에 있는 지리산 용유담(龍遊潭)을 찾는 탐방객들은 신선과 장기를 두느라 당나귀를 잃은 마적도사, 계곡물을 건널 유일한 다리가 되어주는 아홉 용(九龍) 전설에 가슴이 설렌다. 원주 구룡사(龜龍寺)에 가면 '구룡사(九龍寺)'에서 지금의 사찰 명으로 바뀐 사연은 뭘까, 아홉 마리 용의 전설은 어떤 이야기일까 하는 궁금증이 더해진다. 충청남도 보령시 남포면 월전리 용두해수욕장(龍頭海水浴場)에서는 용이 물을 먹었다는 용샘, 용이 수도하다 승천했다는 용굴도 있다. 이 외에도 같은 보령 지역에서 전하는 신랑각시 바위 전설이 있어, 용에게 제물로 바쳐질 처지가 되자 목숨을 던진 처녀의 사랑이 이뤄지도록 만들었다는 이야기에 가슴이 미어진다. 용이 포효하며 바다에서 솟구쳐 승천하려다 돌로 굳었다는 제주 용두암(龍頭巖)은 이곳에 가면 사랑이 이뤄진다는 입소문을 타고 그 바위에는 항상 적잖이 사람이 몰린다.

참고문헌

고제희. 2008. 『손감묘결: 조선 500년 내력의 풍수 비기』. 다산초당.

권면주. 2017. 「익산 지역 고유어 지명에 대응하는 한자어 지명 고찰」. ≪지명학≫, 제27집, 5~33쪽.

권영애. 2011. 「'신선전(神仙傳)' 영물(靈物)의 작중 변화 양상: 현실 수용과 내부요구 부응」. ≪중국문화
    연구≫, 제19집, 57~82쪽.

권영애. 2012. 「'신선전(神仙傳)'의 서사 모티프 고찰」. ≪중국문화연구≫, 제21집, 103~144쪽.

권찬호, 이종수. 2012. 『문화 원형콘텐츠 스토리텔링 마케팅 연구: 신라 금문화(金文化)의 인문적 이미지
    스토리텔링을 중심으로』. ≪문화정책논총≫, 제26집 1호, 149~173쪽.

금영진. 2014. 「난소사토미핫켄덴(南総里見八犬伝)의 8견사(八犬士)와 8선녀(八仙女)·8선(八仙)」. ≪외국
    문학연구≫, 제56집, 9~30쪽.

김경우. 2017. 『양평동교회 백십년사(1907~2017)』. 대한예수교 장로회 양평동교회 역사편찬위원회.

김광언. 1993. 『풍수지리: 집과 마을』. 대원사.

김기덕·박경하·송화섭·조명길·조용헌. 2016. 『두승산 유선사』. 신아출판사.

김세희. 2021.3.23. "고려시기 송나라 사신 영접했던 망주봉 일대 지표조사 필요". ≪전북일보≫.

김용덕. 1984. 「단군신화와 신선사상의 연원」. ≪한국민속학≫, 제17집, 31~54쪽.

김하돈. 1999. 『고개를 찾아서』. 실천문학사.

덕원. 2014. 『명당의 원리와 현장풍수』. 정신세계사.

류성민. 2011. 「'포박자: 내편'과 '신선전'에 나타난 초기 도교의 도와 윤리의 관계」. ≪종교연구≫, 제63집,
    143~174쪽.

마노 다카야(眞野隆也). 2007. 『도교의 신들』. 이만옥 옮김. 들녘.

문경호. 2015. 「고려도경(高麗圖經)'을 통해 본 군산도(群山島)와 군산정(群山亭)」. ≪지방사와 지방문화≫,
    제18집 2호, 73~94쪽.

문무선사. 2006. 『대천명 4』. 국학자료원.

박상미. 2006. 「문화유산 논의에 있어서의 토착성과 초국가성」. 《사회과학논집》, 제24집 1호, 59~72쪽.

박상미. 2006.5. 「문화유산의 인류학: 쟁점과 연구방법론의 고찰」. 제38차 한국문화인류학회 정기학술 대회.

박선희. 2019. 「문화 다양성의 역설: 유네스코 무형문화유산협약과 국가주의」. 《문화와 정치》, 제6집 4호, 85~112쪽.

박성대. 2012. 「지리적 특성을 담고 있는 지명과 풍수의 연관성」. 《한국민족문화》, 제45집, 327~360쪽.

박태국. 2018. 『만사형통 생활풍수』. 예감.

신립상(信立祥). 2005. 『현대 화상석의 세계(漢代畵像石綜合硏究)』. 김용성 옮김. 학연문화사.

유향. 2011. 『열선전(列仙傳)』. 지식을만드는지식.

양양문화원 편찬위원회. 2010. 『양양군지』.

양재생. 2021.12.23. "지명유래와 함께 마을 둘러보기(49): 옥곡면 선유마을". 《광양만신문》. http://www. gymnews.net/news/articleView.html?idxno=480514.

의정부. 1895. 『기전읍지(畿甸邑誌)』.

이건명. 1758. 『한포재집(寒圃齋集)』.

이능화. 1977. 『조선도교사』. 한국학연구소.

이돈주. 2007. 「땅 이름(지명)의 자료와 우리말 연구」. 『한국지명연구: 지명학 논문선 1』, 55~73쪽. 한국 문화사.

이수자. 2000. 「구비문학 연구의 성격과 의의」. 《역사민속학》, 제11집, 107~125쪽.

이은식. 2010. 『지명이 품은 한국사 2: 두 번째 이야기』. 타오름.

이종은. 2004. 『해동전도록 청학집』. 보성문화사.

이지누. 2007.6.8. "한강을 걷다: 도성에서 10리남짓… 유흥문화 깃든 곳". 《경향신문》. https:// www.khan.co.kr/article/200706081443311.

이한성. 2019.10.28. "선유봉이 선유도 된 사연". 《문화경제》.

임채우. 2018. 『한국의 신선: 그 계보와 전기』. 소명출판.

철학사전편찬위원회. 2012. 『철학사전(증보판)』. 중원문화.

조해진·박영호. 2010. 「판타지 장르의 원천 콘텐츠로서의 고전설화 연구: 고전설화 만파식적을 중심으로」. 《한국디자인문화학회지》, 제16집 3호, 565~577쪽.

장장식. 1986. 「전설의 비극성과 상상력: 아기장수 전설을 중심으로」. 《한국민속학》, 제19집 1호, 503~508쪽.

장장식. 1989. 「풍수설화의 유형 분류: 음택풍수 설화를 중심으로」. ≪한국민속학≫, 제22집, 63~85쪽.

정선경. 2006. 「韓中 神仙說話의 探索: 時間과 空間에 주목하여」. ≪중국어문학논집≫, 제40집, 365~392쪽.

정선경. 2017. 「신선설화를 읽는 방법: 자연을 읽는 메타 독법을 중심으로」. ≪중국어문학논집≫, 제104집. 217~241쪽.

정선경. 2018. 「신선설화와 '自然': '物化'와 생명력에 주목하여」. 『한국중어중문학회 학술대회 자료집』, 25~30쪽. 한국중어중문학회.

조남선. 2010. 『풍수의 정석: 올바른 풍수학술 지침서』. 청어람.

조승래·강영조. 2007. "고개의 호칭으로서 '현'과 '령'의 변별요인에 관한 연구". ≪한국조경학회지≫, 제35권 1호, 69~78쪽.

조항범. 1994. 「부여(扶餘) 지방의 지명」. 국립국어연구원. ≪새국어생활≫, 제4권 1호, 63~99쪽.

천인호. 2011. 「지명 형성의 풍수담론: 봉황 형국을 중심으로」. ≪지명학≫, 제17집, 211~248쪽.

최기순. 2008. 『강릉 기자신앙과 숭배의 흔적』. 원영출판사.

최운식. 2006. 「신선 설화의 전승 양상과 한국인의 의식」. ≪한국민속학≫, 제44집, 491~532쪽.

파주문화원. 2009. 『파주시지』.

최준하. 2001. 「조선조 '신선전'에 대한 분석 및 비교 고찰」. ≪한국언어문학≫, 제46집, 161~185쪽.

≪한겨레≫. 2005.2.22. "나는… 섬이 아니요 '산'이외다".

한국관광공사. "구석구석 코리아(Every Corner of Korea)". https://korean.visitkorea.or.kr(검색일: 2021.8.1).

허홍식. 1984. 『한국금석전문』. 아세아문화사.

황인덕. 2003. 『진안 지방의 구전 설화집』. 진안문화원.

Anaz, Silvio. 2017. "The superhuman in the successful cinematic imaginaries." *Comunicacao Midia e Consumo*, Vol.14, No.41, pp.170~193.

Bascom, William. 1965. "The forms of folklore: Prose narratives." *The Journal of American Folklore*, Vol.78, No.307, pp.3~20.

Creswell, John. 2007. *Qualitative Inquiry and Research Design: Choosing among five approaches*(2nd edition). New York, NY: SAGE Publications Inc.

Dorson, Richard. 1963. "Current Folklore Theories". *Current Anthropology*, Vol.4, No.1, pp.93~112.

Durand, Gilbert. 1985. "Sobre a exploração do imaginário, seu vocabulário, métodos e aplicações transdisciplinares." *Revista da Faculdade de Educação*, Vol.11, No.1-2, pp.243~273.

Gruyter, W. D, 2007. "Principles of Thai place-name formation: A reflection of natural and cultural heritage." *International Journal of the Sociology of the Language*, Vol.186, pp.59~73.

Harris, Marvin. 1968. *The Rise of Anthropological Theory: A history of theories of culture*. New York, NY: Thomas Y. Crowell Co.

Herman, David. 2009. *Basic Elements of Narrative*. Chichester, EN: Wiley-Blackwell.

Kurin, Richard. 2007. "Safeguarding intangible cultural heritage: Key factors in implementing the 2003 convention." *International Journal of Intangible Heritage*, Vol.2, pp.9~20.

Park Sangmi. 2010. "The paradox of postcolonial Korean nationalism: State-sponsored cultural policy in South Korea, 1965-present." *Journal of Korean Studies*, Vol.15, No.1, pp.67~93.

Pignatale, Tatiana and Andrea Leonardi. 2014.11.3 "Intangible Heritage, fairy tales and myths: A structure for a research concerning the underground popular imagination and its relationship with architecture and archaeology." International Conference on Cultural Heritage and New Technologies. Vienna.

Ryu Hocheol. 2019. "An exploratory study on the utilization of intangible cultural heritage and existential authenticity from the viewpoint of cultural tourism: With examples of tugging rituals and games at gijisi village and weaving of Mosi(fine ramie) in Hansan region." *International Journal of Tourism and Hospitality Research*, Vol.33, No.1, pp.35~49.

Savova, Nadezhda. 2009. "Heritage Kinaesthetics: Local constructivism and UNESCO's intangible-tangible Politics at a 'Favela' Museum." *Anthropological Quarterly*, Vol.82. No.2, pp.547~585.

Shaw, Miranda. 1988. "Buddhist and Taoist Influences on Chinese Landscape Painting." *Journal of the History of Ideas*, Vol.49, No.2, pp.183~206.

Van Zanten, Willem. 2004. "Constructing New Terminology for Intangible Cultural Heritage." *Museum International*, Vol.56, No.1-2, pp.36~44.

Vogler, Christopher. 2007. *The Writers Journey: Mythic structure for writers*(3rd edition). Burbank, CA: Michael Wiese Productions.

Wang Bin, Huang Xiu-lian and Situ Shang-ji. 2012. "Analysis on cultural landscape characteristics of place name in Guangdong province." *Human Geography*, Vol.1, pp.39~44.

Wi Pyeongryang. 2002. "The study on comparison of names of seaside districts and inland areas." *Journal of the Place Name Society of Korea*, Vol.8, pp.93~112.

Wright, Arthur. 1970. "A historian's reflections on the Taoist tradition." *History of Religions*, Vol.9, No.2/3. pp.248~255.

Xing Huibin, Azizan Marzuki and Arman Abdul Razak. 2012. "Protective development of cultural heritage tourism: The case of lijiang, China". *Theoretical and Empirical Researches in Urban Management*, Vol.7, No.1, pp.39~54.

You Ziying. 2020. "Conflicts over local beliefs: 'Feudal Superstitions' as intangible cultural heritage in contemporary China." *Asian Ethnology*, Vol.79, No.1, pp.137~159.

지은이
김정섭

김정섭은 문화예술과 문화자원 발굴·보존에 애정이 깊다. 성신여자대학교 문화산업예술대학원 문화산업예술학과 교수(Ph. D.)로 일하며 문화부·인사혁신처·환경부·고용노동부 자문·평가위원, 대통령 연설 및 '국민과의 대화' 자문위원, 한국거래소 상장심사위원, 한국케이블TV 방송대상 심사위원장, KTV 방송자문위원, 한국엔터테인먼트산업학회 이사 등을 지냈다. 'LG 글로벌 챌린저' 제1기 출신이다. 언론인 시절 'KBS 장악을 위한 청와대 비밀 대책회의' 특종 보도로 '2008년 한국기자상'을, 2019년에는 한국엔터테인먼트산업학회 '우수논문상'을 받았다. 최서단 영해 기점인 격렬비열도 연구로 공적관리 여론을 환기해, 방치된 섬이 2022년 7월 5일 '국가연안항'으로 지정되는 데 크게 기여했다. 시나리오 「1978년 대한민국 최서단 무인도 조난 대참사 실화극: 격렬비열도」와 웹툰 대본 「격렬비열도 대참사」를 집필했으며, 그 외 다양한 학술서를 출간했다.

저 서	『케이컬처 시대의 뮤직 비즈니스』(2021)(2021년 문화부 세종도서 학술부문 선정)
	『(함께 가요, 함께 가꿔요, 함께 지켜요) 격렬비열도』(2020)
	『우리는 왜 사랑에 빠지고 마는 걸까』(2019)
	『한국 대중문화 예술사』(2017)
	『명품배우 만들기 스페셜 컨설팅』(2016)
	『협동조합: 성공과 실패의 비밀』(공저, 2016)
	『케이컬처 시대의 배우 경영학』(2014)(2015년 대한민국학술원 우수학술도서)
	『한국 방송 엔터테인먼트 산업 리포트』(2007)

역 서	『엔터테인먼트 사이언스』 I·II·III(공역, 2021)(2022년 대한민국학술원 우수학술도서)
	『할리우드 에이전트』(역서, 2019)(2019년 세계일보·교보문고 선정 '올해의 책')

lakejs@naver.com

대한민국 신선마을

무형유산 신선강림 전설을 품은 명승 10선

© 김정섭, 2022

|지은이| **김정섭**
|펴낸이| **김종수**
|펴낸곳| **한울엠플러스(주)**
|편집책임| **최진희**
|편 집| **이동규**

|초판 1쇄 인쇄| **2022년 9월 5일**
|초판 1쇄 발행| **2022년 9월 20일**

|주 소| **10881 경기도 파주시 광인사길 153 한울시소빌딩 3층**
|전 화| **031-955-0655**
|팩 스| **031-955-0656**
|홈페이지| **www.hanulmplus.kr**
|등록번호| **제406-2015-000143호**

Printed in Korea.
ISBN 978-89-460-8196-3 93680

* 책값은 겉표지에 표시되어 있습니다.
* 본문에 쓰인 일부 그림은 문화포털에서 서비스되는 전통문양을 활용했습니다.
* 표지는 국립고궁박물관에서 공공누리 제1유형으로 개방한 '십장생도병풍'을 활용하였으며,
  해당 저작물은 국립고궁박물관(https://www.gogung.go.kr/)'에서 무료로 다운받으실 수 있습니다.